Turismo em cidades:
Espaços urbanos, lugares turísticos

Preencha a **ficha de cadastro** no final deste livro
e receba gratuitamente informações
sobre os lançamentos e as promoções da
Editora Campus/Elsevier.

Consulte também nosso catálogo
completo e últimos lançamentos em
www.elsevier.com.br

Turismo em cidades:
Espaços urbanos, lugares turísticos

Bruce Hayllar
Deborah Edwards
Tony Griffin
Mariana Aldrigui

Do original: *City Spaces, Tourist Places.*
Tradução autorizada do idioma inglês da edição publicada por Elsevier Ltd.
Copyright © 2008: Elsevier Ltd. All rights reserved.
© 2011, Elsevier Editora Ltda.

Todos os direitos reservados e protegidos pela Lei nº 9.610, de 19/02/1998.
Nenhuma parte deste livro, sem autorização prévia por escrito da editora, poderá ser reproduzida ou transmitida sejam quais forem os meios empregados: eletrônicos, mecânicos, fotográficos, gravação ou quaisquer outros.

Copidesque: C&C Criações e Textos Ltda.
Revisão: C&C Criações e Textos Ltda.
Editoração Eletrônica: C&C Criações e Textos Ltda.
Tradução: Quase a mesma coisa
        Ana Paula Spolon e Jorge Camargo

Elsevier Editora Ltda.
Conhecimento sem Fronteiras
Rua Sete de Setembro, 111 – 16º andar
20050-006 – Centro – Rio de Janeiro – RJ – Brasil

Rua Quintana, 753 – 8º andar
04569-011 – Brooklin – São Paulo – SP

Serviço de Atendimento ao Cliente
0800-0265340
sac@elsevier.com.br

ISBN 978-85-352-4550-9

Nota: Muito zelo e técnica foram empregados na edição desta obra. No entanto, podem ocorrer erros de digitação, impressão ou dúvida conceitual. Em qualquer das hipóteses, solicitamos a comunicação ao nosso Serviço de Atendimento ao Cliente, para que possamos esclarecer ou encaminhar a questão.
Nem a editora nem o autor assumem qualquer responsabilidade por eventuais danos ou perdas a pessoas ou bens, originados do uso desta publicação.

CIP-Brasil. Catalogação-na-fonte
Sindicato Nacional dos Editores de Livros, RJ

Bruce Hayllas... [et al.]
   T846 - Turismo em cidades/Bruce Hayllar... [et al.];
tradução Ana Paula Spolon e Jorge Camargo. - Rio de Janeiro : Elsevier, 2011.

   (Coleção Eduardo Sanovicz de Turismo)

   Tradução de: City Spaces, Tourist Places.
   Inclui bibliografia.
   ISBN 978-85-352-4550-9

   1. Turismo. I. Hayllas, Bruce. II. Série.

11-3108.   CDD: 338.4791
                                          CDU: 338.48

Autores

BRUCE HAYLLAR
Professor Associado e Diretor da Faculdade de Lazer, Esportes e Turismo da University of Technology (Sydney, Austrália).

TONY GRIFFIN
Professor Sênior na Faculdade de Lazer, Esportes e Turismo da University of Technology (Sydney, Austrália).

DEBORAH EDWARDS
Pesquisadora Sênior do Sustainable Tourism Cooperative Research Centre (Centro de Pesquisa Cooperativo de Turismo Sustentável) da Faculdade de Lazer, Esportes e Turismo da University of Technology (Sydney, Austrália).

MARIANA ALDRIGUI
Docente no curso de Lazer e Turismo da Escola de Artes, Ciências e Humanidades da USP. Autora de diversos artigos e livros, desenvolve pesquisas nas áreas de Turismo Urbano e Políticas Públicas, e Educação para o Turismo.

Apresentação

Turismo: ampliar conhecimento para crescer com o Brasil

Atuar no setor do Turismo gera inúmeras oportunidades para as pessoas que estão procurando inserir-se no promissor cenário econômico brasileiro, marcado pela inclusão de milhões de novos consumidores no mercado.

Gerador de expressivos resultados para as comunidades, nas quais se torna parte do ambiente econômico, o turismo recupera a autoestima, contribui para a preservação do meio ambiente, estimula a produção cultural e incentiva centenas de atividades nos mais variados portes.

Trabalhar em Turismo, nos seus vários segmentos e atividades correlatas, pode parecer complicado, mas é uma sequência muito objetiva de atos – trata-se de equacionar corretamente a articulação entre quatro verbos – comer, dormir, comprar e visitar. Estes são os verbos que um passageiro conjuga ao chegar a seu destino, na medida em que se utiliza da oferta gastronômica (ele come fora de casa); da oferta hoteleira (ele dorme fora de casa); da oferta comercial (ele faz compras) e da oferta lúdico-cultural ou natural (ele vai visitar e conhecer o lugar). O que muda é a razão pela qual ele os conjuga: férias e lazer, negócios e eventos, visita a parentes, provar de um prato ou bebida especial, praticar esportes, além de dezenas de outras razões que podemos imaginar.

Como profissional de turismo, venho atuando há vários anos tanto no setor público como no setor privado, especialmente no mercado internacional. Neste sentido, há muito tempo me chama a atenção o crescimento da produção intelectual do turismo brasileiro. Vários colegas vêm escrevendo e refletindo sobre o desenvolvimento do turismo ao longo dos últimos anos, com muita competência. Nossa produção bibliográfica inclusive tem a qualidade de estar distribuída ao longo de praticamente todo o país, incorporando, portanto, contribuições intelectuais que espelham a diversidade e o pluralismo cultural sobre os quais o Brasil está se construindo.

No entanto, quando iniciei minhas atividades docentes na Universidade de São Paulo, em 2008, uma questão de outra qualidade começou a me chamar a atenção: se por um lado é fato que o Brasil construiu uma imagem internacional completamente nova, que o país hoje se coloca como um dos agentes econômica e politicamente destacados no cenário mundial, e que este fato vem se refletindo no turismo brasileiro, por outro, nossa produção intelectual, assim como a reflexão acadêmica de nossos colegas, ainda não se encontrou com a produção estrangeira para um diálogo de qualidade.

Ou seja, encontros como é prática antiga e corrente em diversos setores da produção cultural brasileira – música, teatro ou arquitetura, por exemplo – nos quais a realização de trabalhos construídos em parceria entre autores estrangeiros e brasileiros vem produzindo resultados memoráveis e marcantes, ainda não se verificam no turismo. Apesar do crescimento gerado pela inserção do Brasil no mercado turístico internacional – em volume de passageiros, em volume de conexões aéreas internacionais, em volume expressivo de crescimento no ingresso de dólares na economia brasileira, nossa produção literária em turismo ainda não viveu uma experiência desta qualidade.

Esta é a ideia central desta coleção – partindo de textos instigantes e inovadores de autores estrangeiros, cujos temas são de interesse dos brasileiros, construir uma relação com autores nacionais de uma forma que lhes desse toda a liberdade para reconstituir os textos originais, adaptando-os à realidade latino-americana. A coragem da Editora Elsevier em oferecer seu portfólio a este projeto, confiando no resultado e na capacidade dos autores brasileiros em trazer textos estrangeiros para o ambiente cultural e técnico regional, adaptando relatos e conceitos, deve ser registrada e enaltecida.

Este diálogo tem início agora, também por acompanhar o ciclo de maturação do turismo enquanto atividade econômica no país, em relação ao cenário internacional. Se retornarmos no tempo, é possível traçar uma linha lógica de acontecimentos – a criação do Ministério do Turismo e o redirecionamento da Embratur para atuação internacional, a inserção do tema Eventos na agenda de promoção do país (2003), a criação dos Escritórios Brasileiros de Turismo (2004), o Plano Aquarela e a criação da Marca Brasil (2005) e finalmente a presença do Brasil no Top 10 do *Ranking* ICCA – International Congress & Convention Association em volume de realização de eventos internacionais (2006); e acompanhar a repercussão destes fatos na mídia internacional, que reage, em paralelo à implantação de cada uma das situações descritas, em grande parte pelo peso econômico que o país vai assumindo enquanto mercado consumidor, como resultado das políticas de inclusão social. O turismo beneficia-se deste cenário, pois a imagem do país vai se reconstituindo no imaginário tanto de consumidores como de *decision-makers* ao redor do mundo, e o noticiário referindo-se ao Brasil de forma positiva começou a despontar já ao final da década passada.

Pois bem, um processo de crescimento pode ter como paralelo a adolescência: nosso corpo e nossa alma ficam um pouco contraditórios, a voz muda, os desejos são alternados entre antigos interesses infantis e os novos olhares para a futura vida adulta. Pois é exatamente neste ponto em que nos encontramos hoje, enquanto país, em relação a vários itens da agenda nacional relacionados a turismo. A cada nova etapa vencida ao longo dos últimos anos, surge um novo desafio a enfrentar – legislação, infraestrutura e capacitação, os mais comentados, são a parte visível deste adolescer do turismo brasileiro, rumo a um novo papel no cenário internacional.

Do ponto de vista da produção intelectual brasileira a criação do curso de Lazer e Turismo da Escola de Artes, Ciências e Humanidades (EACH) da Universidade de São Paulo, em 2005, representou a possibilidade de inserir no universo acadêmico uma nova geração de professores e formuladores, cuja formação, por abranger um conjunto amplo de áreas de conhecimento, e destacadamente por trazer a reflexão mais ampla sobre o lazer em suas diversas possibilidades. Ao completar seu sexto ano, tendo já graduado várias turmas e iniciado um ciclo gerador de titulação de seus professores na carreira acadêmica, o curso tem uma contribuição a fazer ao pensamento turístico brasileiro.

Daí o que representa esta coleção. A contribuição de um grupo de profissionais, todos relacionados à academia, todos ligados direta ou indiretamente ao curso de Lazer e Turismo da EACH/USP ou à produção teórica que dialoga com seus postulados, procurando dar corpo ao diálogo entre o turismo no Brasil e suas possibilidades, e a produção intelectual publicada ao redor do mundo, no que ela tem de contribuições a nos ofertar.

No país que conquistou o direito de realizar a Copa do Mundo e os Jogos Olímpicos, a tarefa à qual se propõe esta *coleção inovadora* é trazer aos leitores, sejam estes *profissionais* interessados em ingressar no setor ou já atuantes; sejam empreendedores ou trabalhadores; sejam *estudantes* de nível técnico, superior ou graduados na área, as seguintes contribuições:

- atualização: pois reúne alguns dos melhores e mais consagrados autores estrangeiros, traduzidos e adaptados por autores brasileiros especializados nos segmentos sobre os quais escreveram;
- inovação: pois, a partir dos textos originais, acrescenta conceitos e experiências da literatura turística brasileira profundamente calcados na realidade nacional e na *expertise* e vivência profissionais e acadêmicas de cada um dos autores;
- apoio: pois tem a capacidade de orientar objetivamente aqueles que pretendem ingressar no setor ou rever as práticas que hoje adotam em sua ação cotidiana; e
- reflexão: pois é a primeira coleção produzida após as profundas alterações institucionais pelas quais passou o turismo brasileiro com a criação de um Ministério próprio em 2003. Esta coleção vai refletir os resultados obtidos com o novo patamar alcançado pelas atividades ligadas ao turismo, assim como sua inserção na agenda econômica do país.

Convido todos a desfrutarem da coleção completa. Professores e alunos, profissionais iniciantes e experientes vão encontrar na diversidade de temas que abordamos um processo de reflexão a altura dos desafios do Brasil contemporâneo. Vão encontrar em cada um dos livros, temas que nos desafiam cotidianamente. Nosso objetivo declarado aliás, ao eleger temas e autores, era exatamente o de ampliar o universo de leitores das publicações especializadas em turismo, por meio da abordagem de temas cujo equacionamento é vital para que o Brasil esteja a altura de seu novo patamar.

Esta é a tarefa à qual nos propusemos e agora submetemos a julgamento dos leitores.

Se por um lado é fato que esta nova década assiste a consolidação de um país melhor em termos de qualidade de vida sob todos os aspectos, por outro, esta situação nos cria novos desafios em termos de geração de infraestrutura e qualidade de produtos e serviços para atender este novo patamar de demandas internas e externas.

Nosso objetivo com os livros desta coleção é contribuir, por meio deste inédito diálogo entre as produções intelectuais internacional e brasileira no turismo, para que o país possa enfrentar, e novamente superar, mais este novo desafio.

São Paulo, julho de 2011
Eduardo Sanovicz

Prefácio à edição brasileira

Os estudos do turismo no Brasil são relativamente recentes se comparados às outras áreas do conhecimento. Entretanto, em função principalmente das múltiplas abordagens e da contribuição de muitos pesquisadores interessados no tema, já é possível verificar a existência de um campo de estudo que se consolida dia a dia nas diversas instituições de pesquisa no país.

As iniciativas pioneiras do estudo e do aprofundamento científico dependeram do esforço de pesquisadores que, selecionando fontes diversas de informação, compuseram os acervos iniciais que serviram para fundamentar as primeiras reflexões sobre a atividade turística que se organizava nos diversos destinos brasileiros. Muitas destas referências estavam documentadas em livros importados, especialmente de países da Europa como Espanha, Reino Unido, Suíça e França, e também dos Estados Unidos e México, que gradualmente foram traduzidos ou adaptados para a língua portuguesa.

É possível, atualmente, destacar centros de excelência na produção de pesquisas e estudos de caso sobre o Turismo em instituições na Austrália, Nova Zelândia, Hong Kong, Reino Unido e Estados Unidos. Muitas delas recebem pesquisadores brasileiros que lá aprimoram sua competência e retornam para compartilhar as experiências e o conhecimento adquirido. Mas, dada a variedade de abordagens atualmente documentadas, e a rapidez com que novas proposições são apresentadas à comunidade científica especializada, nem tudo chega imediatamente às mãos dos interessados. Alia-se a isso também o fato de ainda haver muitas barreiras a serem vencidas em busca de maior estímulo e financiamento de pesquisas no Brasil.

Desta forma, a proposta de adaptação da obra original *City Spaces, Tourist Places* foi considerada uma oportunidade interessante de apresentação de casos internacionais cujas reflexões podem estimular a produção de análises brasileiras na área de estudos conhecida como Turismo Urbano.

A obra original, com estudos desenvolvidos em diferentes destinos, foi analisada e dela foram selecionados os casos cujas abordagens, fundamentações teóricas, considerações ou inovações possam de alguma forma estimular pesquisadores, estudantes e interessados a ampliar a produção brasileira sobre o tema e seus desdobramentos.

Ao final de cada um dos capítulos selecionados para esta adaptação são apresentadas questões para orientar discussões sobre o que foi exposto, sob o título "Construindo exemplos brasileiros". Desta forma, espera-se que os leitores, especialmente aqueles vinculados à produção do conhecimento, possam adaptar os modelos de análise à sua realidade local, coletando dados e descrevendo o turismo urbano brasileiro.

Boa leitura!

Mariana Aldrigui

Sumário

Capítulo 1 - Turismo em áreas urbanas: compreendendo o campo de estudo 1

   Introdução 1

   O contexto do turismo urbano 2

   Os territórios no contexto do turismo urbano 3

   Estudando as áreas funcionais (*precincts*) 5

   Espaços urbanos e lugares turísticos 6

Capítulo 2 - A evolução da área funcional do turismo 9

   Introdução 9

   O contexto do desenvolvimento: a economia política das áreas funcionais turísticas 10

   Áreas funcionais turísticas: redesenvolvimento econômico e autenticidade cultural 12

   Albert Dock como um agente da revitalização urbana de Liverpool 13

   Navy Pier: planejamento gradual de um ambiente turístico temático 16

   A vizinhança dos deuses: representação e identidade em Plaka, Atenas 18

   Conclusão 21

   Construindo exemplos brasileiros 21

Capítulo 3 - Lugares e pessoas: uma tipologia de áreas funcionais turísticas 23

   Introdução 23

   Tipologia descritiva de áreas funcionais turísticas 24

   Uma perspectiva funcional 26

   O que as experiências dos turistas nos dizem sobre as funções das áreas turísticas 27

As principais funções das áreas turísticas	32
Uma tipologia funcional de áreas turísticas	36
Uma tipologia dos visitantes de áreas funcionais turísticas urbanas	36
Conclusão	38
Construindo exemplos brasileiros	39

Capítulo 4 - Áreas funcionais turísticas urbanas: um panorama dos principais temas e questões — **41**

Introdução	41
Estrutura conceitual	42
Experiência e comportamento em áreas funcionais turísticas urbanas	44
Relações dentro da cidade	44
Impactos	45
Governança, política e diretrizes	47

Capítulo 5 - Áreas funcionais turísticas dentro da forma urbana: relações com a cidade — **49**

Introdução	49
Características das áreas funcionais turísticas urbanas	50
Processos evolutivos	51
Localização e distribuição	54
Fluxos internos e interações	56
Vínculos externos	57
Impactos	58
Variações	59
Perspectivas	60
Resumo	60
Construindo exemplos brasileiros	63

Capítulo 6 - A estrutura e a forma das áreas funcionais turísticas urbanas: montando o palco para a *performance* turística — **65**

Introdução	65
Definição das áreas funcionais turísticas: características espaciais	66
Características das áreas turísticas	69
Integrando o formato e a utilidade das áreas turísticas:	

    a cidade como palco 74

    Conclusão 78

    Construindo exemplos brasileiros 79

Capítulo 7 - Contribuição das áreas funcionais turísticas urbanas para a economia das cidades 81

    Introdução 81

    Construção ou (re)desenvolvimento de áreas funcionais turísticas 84

    Ciclos econômicos de curto e médio prazo 85

    Custos e problemas econômicos 90

    Ciclos econômicos de longo prazo 92

    Custos econômicos e problemas 97

    Conclusão 100

    Construindo exemplos brasileiros 101

Capítulo 8 - A experiência do turista nas áreas funcionais turísticas 103

    Introdução 103

    Pesquisas sobre as áreas turísticas urbanas 103

    O cenário das áreas funcionais turísticas urbanas 105

    Interpretação do urbano 106

    Representando o urbano 107

    Vivenciando a área funcional turística urbana 108

    Individualizando a experiência urbana 109

    Conceituando a experiência urbana 110

    Socializando a experiência na área funcional turística 111

    Executando a experiência urbana 113

    Construindo exemplos brasileiros 113

Capítulo 9 - Conflitos e política no desenvolvimento de áreas funcionais turísticas 115

    Introdução 115

    Políticas de desenvolvimento 116

    Justificativas de projetos e mecanismos de implantação 117

    O papel das empresas 120

    Opinião pública 121

    Opinião profissional 124

    Conflitos intergovernamentais 126

    Principais agentes 126

    Áreas funcionais turísticas como casos especiais
de desenvolvimentos de grande porte 128

    Construindo exemplos brasileiros 128

Capítulo 10 - Espaços urbanos – áreas funcionais turísticas: uma reprise **129**

    Introdução 129

    Turistas e moradores 129

    Design e vivência de áreas funcionais turísticas 131

    Desenvolvimento e gestão das áreas funcionais turísticas urbanas 132

    Benefícios e custos do desenvolvimento de áreas funcionais turísticas 134

    Olhando para o futuro 138

Referências **141**

CAPÍTULO 1
Turismo em áreas urbanas: compreendendo o campo de estudo

Bruce Hayllar, Tony Griffin e Deborah Edwards

INTRODUÇÃO

O livro *City Spaces, Tourist Places – Urban Tourism Precincts* foi estruturado a partir de questões e reflexões de seus três autores principais sobre como o turismo se manifesta em grandes cidades. Curiosamente, a expressão *urban tourism precinct* não pode ser traduzida "ao pé da letra" para a Língua Portuguesa, uma vez que não se trata especificamente de um "distrito turístico urbano" espacialmente delimitado, mas sim de uma área em que o turismo se manifesta de forma mais evidente sem que, no entanto, seja exclusivo do local. Nesta adaptação brasileira, optou-se pelo uso de "área turística urbana" ou "área funcional turística", a fim de facilitar a compreensão do leitor.

Nas grandes e médias cidades, onde a atividade turística é apenas uma das diversas atividades econômicas, diariamente moradores convivem com turistas em seus mais diversos propósitos, compartilhando meios de transporte, restaurantes e espaços públicos, por exemplo. Em um mesmo vagão do metrô pode se encontrar estudantes, profissionais, jovens turistas e executivos que estão visitsando a cidade por motivos de negócios, entre vários outros. Ônibus com turistas disputam espaço com caminhões de entrega; táxis circulam por toda a cidade sem que se possa imediatamente classificar seus usuários como turistas ou moradores.

Em alguns lugares, no entanto, é possível verificar a existência de estruturas dedicadas a turistas e visitantes, em maior número que em outras áreas das cidades. É possível notar que estas áreas se constituem em "lugares diferentes", que oferecem uma experiência diferenciada ao visitante.

Entre as diversas perguntas que deram início à estrutura do livro, pode-se destacar:
- Até que ponto as interações entre os turistas e os residentes nos contextos urbanos são bem compreendidas?
- Que aspectos dessa interação são positivos e quais são negativos?
- Como o desenho urbano e o ambiente construído poderiam impactar ou orientar a experiência do turista?
- Como os turistas usam os espaços urbanos?
- Que papel as autoridades públicas, os planejadores, os investidores e os gestores dos atrativos têm na criação, supervisão e monitoramento do processo contínuo de desenvolvimento e gestão de espaços turísticos urbanos?
- Qual deveria ser a dinâmica política de criação e gestão do espaço público quando este se torna alvo de interesses conflitantes?
- Que benefícios – sociais, econômicos, culturais e psicológicos – podem advir como resultado desses espaços que têm sido criados? E quais seriam os impactos negativos?

Para os autores, algumas áreas funcionais do turismo urbano sintetizam a essência da experiência turística urbana. O turismo, tanto na perspectiva da oferta quando na da demanda, não se distribui de maneira uniforme e contínua pela cidade; antes, concentra-se em regiões geográficas relativamente pequenas e bem distintas – os *precincts* ou áreas funcionais – e a experiência do turista é a de deslocar-se entre essas áreas, em busca dos destaques da cidade. Essas áreas funcionais, portanto, são fundamentais para a compreensão do fenômeno do turismo urbano. No entanto, analisando melhor a situação, sabe-se pouco sobre esses lugares e o que faz com que funcionem para turistas e outros *stakeholders* na cidade.

Este livro, portanto, tem a preocupação principal de dar alguns passos na direção de preencher a lacuna sobre um aspecto importante, porém relativamente negligenciado do turismo. A fim de estabelecer o foco do livro, o restante deste capítulo tem três propósitos. O primeiro é o de posicionar o *precinct,* ou "área funcional" no contexto do turismo urbano. O segundo é o de examinar resumidamente a área funcional a partir de várias perspectivas teóricas. Por último, o capítulo se encerra propondo uma série de questões que determinam sua direção e seu intento como um todo.

O CONTEXTO DO TURISMO URBANO

Os ambientes urbanos, por muitos anos, têm estado entre os mais importantes de todos os destinos turísticos. Como Karski (1990) observa:

> Pessoas com os meios e a disposição de fazê-lo têm sido atraídas para as áreas urbanas e cidades para visitar e experimentar uma multiplicidade de coisas disponíveis para se ver e fazer. Peregrinos no século XIV eram turistas urbanos visitando cidades como a Cantuária. O histórico Grand Tour Europeu, nos séculos XVIII e XIX era essencialmente uma experiência urbana para os ricos, abrangendo áreas

urbanas e cidades mais espetaculares, normalmente capitais regionais e nacionais. Elas eram as misturas de cultura nacional, arte, música, literatura e, é claro, arquitetura magnífica e design urbano. Foi a concentração, a variedade e a qualidade dessas atividades e atributos... que criou sua atração e colocou certas áreas urbanas e cidades no mapa diário do turismo (Karski, 1990: 15).

O fascínio despertado pelas cidades como destinos turísticos, descrito com muita habilidade por Karski a partir de uma perspectiva histórica, continua em tempos contemporâneos. Law (1996) argumenta que as cidades preservaram seu foco central como destino turístico por causa de seus atributos e oportunidades inerentes de localização e de escala, para experiências diversas. Por exemplo, elas atraem amigos e parentes porque têm naturalmente grandes populações e trazem visitantes às suas atrações porque estão, na maioria das vezes, melhor desenvolvidas que outros tipos de destinos. Como consequência de sua importância econômica, as cidades têm grande disponibilidade de meios de hospedagem para atender a viajantes a negócio, meios esses que são subutilizados nos fins de semana e nos períodos de férias de verão. Seus serviços de transporte e de infraestrutura, tais como aeroportos e conexões ferroviárias, tornam o destino acessível para fins turísticos e comerciais. Em termos da experiência turística, a diversidade de uma cidade fornece oportunidades para os mais variados visitantes: grupos com mais idade e de nível escolar podem sentir-se atraídos por sua herança cultural, enquanto jovens podem vir em busca de entretenimento, vida noturna e grandes eventos esportivos. Para muitos, não importam as atrações específicas, e sim a experiência de se estar em uma cidade – as luzes brilhantes, a cor e o movimento, a ambiência – elementos que traduzem seu apelo fundamental.

As áreas urbanas oferecem cenários sociais, culturais, físicos e estéticos sobre os quais a atividade turística pode se desenvolver. No entanto, são cenas que são compartilhadas, pelos turistas, com outras pessoas que são a maioria – a estética e a cultura da cidade e seus residentes é que saúdam o visitante. Essa "forma" complexa molda a experiência à medida que os visitantes interagem com atrações e infraestruturas geralmente desenvolvidas para fins não turísticos; residentes locais (e os que viajam diariamente até o trabalho), que são tipicamente os usuários majoritários dessas atrações e dessa infraestrutura; e a atividade econômica da cidade, que não está relacionada ao turismo.

OS TERRITÓRIOS NO CONTEXTO DO TURISMO URBANO

Ashworth (1989, 2003) foi um dos primeiros a identificar a cidade como cenário importante para a atividade turística. Antes desse reconhecimento relativamente recente, as cidades, sugeria seu argumento, eram ignoradas pelos pesquisadores, a despeito de sua grande importância para o turismo. Apesar desse legado histórico, há um conjunto emergente, mais contemporâneo, de obras que corrigem esse desequilíbrio (veja Judd & Fainstein, 1999; Hoffman et al., 2003; Page & Hall, 2003). No entanto, à medida que a pesquisa começou a entender melhor o fenômeno do turismo urbano e a cidade como um destino turístico, mais questões surgiram sobre a natureza da experiência urbana e, em particular, sobre o uso de espaços específicos na experiência urbana dos visitantes. Enquanto a cidade e seus serviços fornecem uma "cobertura" para a atividade turística urbana, na maioria dos destinos urbanos, a visitação turística tende a se concentrar, ao invés de se dispersar. Esses pontos de concentração podem incluir paisagens icônicas, áreas de compras, instituições culturais de referência ou lugares de importância histórica. No entanto, onde várias atrações de tipos semelhantes ou distintos se agregam ao longo de uma gama de serviços relacionados ao turismo, essas áreas assumem uma identidade espacial, cultural, social e econômica particular – agora comumente (porém não universalmente) reconhecida como área funcional turística. Como observou Stevenson (2003: 73):

> Cidades se dividem em áreas geograficamente distintas, que raramente se amoldam a fronteiras administrativa ou politicamente impostas. Antes, elas se formam em torno de atividades de comércio, sociabilidade, domesticidade, e/ou identidade coletiva. As áreas resultantes têm uma validade e uma "aparência" que as marcam como sendo únicas.

O reconhecimento e os debates sobre nomenclatura que cercam essas áreas funcionais têm se desenvolvido há bastante tempo. Stansfield e Rickert (1970) usaram o termo Distrito Empresarial Recreacional (DER) para descrever áreas "caracterizadas por um conjunto especial de instalações de varejo voltadas para o turista e [que está] separado espacial e funcionalmente de outros distritos empresariais" (p. 213). Como uma resposta a esse e a outros modelos espaciais, Getz (1993a) propôs o rótulo Distrito Empresarial Turístico, para concentrar-se mais nas funções dessas áreas. O modelo sugerido por Ashworth (1988) e Ashworth e Tunbridge (1990), forneceu importantes impressões sobre o desenvolvimento e a administração da cidade turística-histórica, porém sua aplicação ao turismo urbano de forma mais geral é limitada. Outros termos usados incluem: Compostos de Consumo (Mullins, 1991); Zonas Turísticas Especializadas (Weaver, 1993); Distritos Turísticos (Pearce, 1998) ou "áreas turísticas", de Maitland e Newman (2004). McDonnell e Darcy (1998) em seu estudo comparativo de Fiji e Bali, parecem ser os primeiros pesquisadores, no campo do turismo, a usar formalmente o termo *área funcional turística*, porém não exclusivamente dentro do contexto urbano.

Debates em torno da terminologia e do que ela envolve têm sido constantes. No entanto, para nossos propósitos, temos adotado o termo *precinct,* aqui traduzido como "área funcional turística urbana" e usado uma definição com dimensões espaciais, funcionais e psicossociais nela embutidas. Esse "movimento" é também reconhecimento de como o espaço, as pessoas, a atividade e a arquitetura interagem dialeticamente e moldam a experiência do visitante da área – uma experiência que pode ser qualitativamente diferente para cada um deles. Para os propósitos deste livro, uma área funcional tem sido definida como:

> Uma área geográfica distinta dentro de uma área urbana mais ampla, caracterizada por uma concentração de usos do solo dedicados ao turista, atividades e visitação, com fronteiras bastante definidas. Essas áreas funcionais geralmente possuem um caráter distinto em virtude de sua mistura de atividades e do uso da

terra, tais como restaurantes, atrações e vida noturna, seu tecido físico ou arquitetônico, especialmente o domínio de edifícios históricos, ou sua conexão a um grupo cultural ou étnico particular dentro da cidade. Essas características também existem em combinação (Hayllar e Griffin, 2005: 517).

ESTUDANDO AS ÁREAS FUNCIONAIS (*PRECINCTS*)

O estudo de áreas funcionais turísticas urbanas tem sido tradicionalmente abordado a partir de uma perspectiva geográfica ou de planejamento urbano (Stansfield & Rickert, 1970; Wall & Sinnott, 1980; Ashworth & de Haan, 1985; Law, 1985; Jansen-Verbeke, 1986; Meyer-Arendt, 1990). Durante a década de 1990, enquanto a ênfase principal sobre uma abordagem de planejamento e geográfica era evidente (Burtenshaw et al., 1991; Getz, 1993a, b; Getz et al., 1994; Fagence, 1995; Pearce, 1998) outras perspectivas disciplinares começaram a surgir. Uma análise das áreas funcionais turísticas e de seu papel na vida dos locais e dos turistas a partir de uma perspectiva sociológica foi incluída na obra por Mullins (1991), Conforti (1996) e Chang et al. (1996). McDonnell e Darcy (1998) criaram a noção de áreas funcionais turísticas como parte da estratégia de *marketing* total de destinos, enquanto Judd (1995) desenvolveu ideias em torno do papel do desenvolvimento econômico das áreas.

Com respeito ao desenvolvimento econômico, há estudos sobre o que Judd e Fainstein (1999: 36) descreveram como "espaços turísticos puros", demarcados fora da decadência urbana. O *festival marketplace* (Rowe & Stevenson, 1994) ou as *waterfronts* revitalizadas por incorporadoras (Craig-Smith, 1995) tais como Harborplace (Baltimore) e Darling Harbour (Sidney) são típicas do gênero. No caso de Baltimore, Judd e Fainstein (1999) argumentam que Harborplace é um enclave que separa e que "protege" visitantes do crime, da pobreza e da decadência urbana da "outra" Baltimore – a manifestação física da "bolha turística" (Urry, 1990). Outras perspectivas críticas incluem os que examinam a política de desenvolvimento de áreas (Hall & Selwood, 1995), Searle (neste livro) e os que oferecem críticas culturais (Huxley, 1991).

A pesquisa existente também examinou a atividade do turista na área funcional, tais como seus "caminhos" pelas regiões, padrões de gastos e uma gama de características sociodemográficas (por exemplo, Masberg & Silverman, 1996; Beeho & Prentice, 1997; McIntosh & Prentice, 1999; Wickens, 2002).

Abordagens mais recentes para a compreensão da experiência turística têm-se concentrado no exame dos principais atributos de um lugar e em como eles contribuem para a qualidade dessa experiência. Maitland e Newman (2004: 339), por exemplo, buscaram entender as experiências desejadas dos que são "tentados a deixar os caminhos tradicionais e 'descobrirem' novas áreas". Atraído pela "Metáfora do Lugar", de Canter (Canter, 1977), Montgomery (2004) argumentou que um "quarteirão cultural" (um tipo específico de área) deve possuir uma combinação apropriada entre atividade, forma construída e significado e dentro dessa estrutura discutir atributos específicos. Por exemplo, uma forte economia noturna, fachadas atraentes e legibilidade, que contribuam para o seu sucesso.

Hayllar e Griffin (2005) empregaram uma abordagem fenomenológica para explorar experiências turísticas na área do The Rocks, em Sidney, e, posteriormente, nas proximidades de Darling Harbour (Hayllar & Griffin, 2006). Os mesmos autores mais tarde empregaram uma abordagem modificada de entrevista semiestruturada, ainda baseada na fenomenologia, porém de certa forma mais simplificada e mais concentrada em áreas de várias outras cidades australianas (Griffin & Hayllar, 2006). Todos esses estudos relacionados concluíram que um sentido distinto de lugar é fundamental para a experiência turística, mas se deriva de diferentes atributos específicos em diferentes áreas. Em um estudo conduzido de maneira semelhante sobre duas áreas em Londres, Maitland (2006) reforçou-se a importância da distinção do lugar, e argumentou-se que a produção em série de zonas de turismo padronizadas levaria a ambientes desconectados e desinteressantes para turistas.

ESPAÇOS URBANOS E LUGARES TURÍSTICOS

O estudo das áreas funcionais turísticas recai sobre espaços particulares na cidade. Alguns desses espaços, especialmente em cidades grandes, formam parte do tecido urbano cotidiano, onde turistas e residentes compartilham espaços comuns para fins embutidos no léxico urbano da experiência, tais como um centro integrado de transportes, um local para compras ou uma praça de alimentação. Outras áreas funcionais ficam intencionalmente à parte da experiência cotidiana da cidade, com o potencial para criar reproduções de espaço do tipo *fordista* (Judd, 1995). É provável que a maioria das "áreas funcionais turísticas" se localize em algum lugar entre as duas e tenha o potencial de "criar" experiências para o visitante – o que temos chamado em outro lugar de "sentimento existencial" do espaço (Hayllar & Griffin, 2005).

Dado o título deste livro, é conveniente, a essa altura, considerar-se as noções de espaço e de lugar. A noção do que constitui "espaço" (e "lugar") é contestada (veja Relph, 1976; Lefebvre, 1991; Suvantola, 2002; Creswell, 2004). Couclelis (1992) em Suvantola (2002) identificou diferentes tipos de espaços: o matemático, o físico, o socioeconômico, o comportamental e o experiencial. O espaço matemático reflete ideias relacionadas à medida precisa das relações no espaço – tamanho, distância, escala e termos afins. O espaço físico é mais variável e considera o universo inteiro como "espaço". No entanto, o espaço físico tem uma relação com o matemático à medida que a sua conceituação é nosso entendimento via senso comum de espaço (o "espaço" em torno de nós), e é posicional ou relativista – estamos localizados em um espaço particular em relação a outros. O espaço socioeconômico diz respeito à análise espacial de regiões e de fenômenos socioeconômicos embutidos nelas. Aqui, também, é mensurável por meio de seu valor comparativo, de acordo com, por exemplo, sua utilidade, posição e localização. O espaço comportamental se concentra nos modos como percebemos e usamos o espaço. Ao se compreender esse tipo, a preocupação fica com a investigação sobre as maneiras como o comportamento é afetado por meio de nossas percepções quando o espaço muda. Por exemplo, uma reconfiguração no aspecto de uma área pode levar a mudanças no comportamento. Aqui a ênfase está na mensuração ou na análise do impacto dessa mudança – um construto potencialmente problemático.

Finalmente, o espaço experiencial é o uso do espaço conforme vivido e experimentado. Dos cinco tipos, ele talvez seja o menos mensurável, embora possivelmente o mais importante em se tratando de experiência turística. É dentro do campo experiencial que o significado se aplica ao espaço por meio de nossa experiência com ele. Teoricamente, o espaço revestido de significado se torna lugar. Como Tuan (1977: 6) observa de maneira refinada:

> O que começa com um espaço indiferenciado se torna lugar quando o conhecemos melhor e o dotamos de valor... As ideias "espaço" e "lugar" exigem uma à outra para serem definidas. A partir da secularidade e estabilidade do lugar ficamos conscientes da abertura, da liberdade e da ameaça do espaço, e vice-versa. Além disso, se pensarmos no espaço como aquilo que permite movimento, então o lugar será a pausa; cada pausa no movimento torna possível que um local se transforme em um lugar.

Os espaços da cidade são um pastiche de formas conflitantes e complementares. Eles são modernos e envelhecidos, uma parte da cidade, e ao mesmo tempo estão à parte dela. Estão confinados e abertos, são coloridos e lisos, lugar comum e únicos. São orgânicos e altamente estruturados. Servem a diferentes fins e desempenham vários papéis funcionais. No entanto, sustentando essas variadas expressões de um espaço de cidade distintamente organizado, está a sua dimensão fundamentalmente humana. Eles são espaços humanos, onde visitantes e residentes "criam" lugares para interação civil – para se encontrarem, comerem, caminharem, contemplarem, comprarem, observarem ou simplesmente passarem o tempo.

Claramente, no entanto, algumas áreas são mais "bem-sucedidas" que outras no desempenho dos papéis que lhes são designados. Do mesmo modo, elas diferem em sua eficácia em criar experiências significativas ou serem financeiramente sustentáveis. Por que algumas áreas "trabalham" e outras caem em um estado de ruína? Por que algumas ficam abandonadas à noite, enquanto outras são lugares de atividade humana 24 horas por dia? Por que alguns arquitetos escolhem a reprodução em série ao invés de projetos locais únicos? Por que estruturas de governança fracassam em alguns lugares, embora sejam altamente eficientes em outros? O restante deste livro busca iluminar estas e outras questões em torno da evolução, do desenvolvimento e da administração da área funcional turística urbana.

CAPÍTULO 2
A evolução da área funcional do turismo

Costas Spirou

INTRODUÇÃO

Áreas funcionais turísticas urbanas têm-se desenvolvido ou sido desenvolvidas de várias maneiras e em vários contextos. Em muitos casos, elas têm sido criadas e mantidas como respostas estruturadas para maximizar os resultados do desenvolvimento econômico em ambientes de consumo com crescimento acelerado. A construção dessas áreas pode ser vista como uma reação concentrada à ampliação do lugar, contribuindo para a transformação de terrenos em destinos turísticos relevantes. Este capítulo se concentra em três ideias principais: a economia política que dá origem a áreas funcionais turísticas; o papel e a função dessas áreas dentro da paisagem urbana mais ampla; e uma análise da natureza dinâmica e das complexidades no desenvolvimento de áreas funcionais turísticas, incluindo-se questões de ordem interna e externa, de autenticidade e de sustentabilidade. Utilizando noções de continuidade e de mudança, este capítulo auxilia na descoberta das características evolutivas das áreas funcionais turísticas e contribui para as discussões sobre sua direção futura.

Para dar base a essa discussão, três áreas funcionais turísticas que se encaixam em dois contextos gerais serão examinadas. Um contexto está relacionado ao papel que elas desempenham como agentes de revitalização urbana em cidades anteriormente industriais. Elas são espaços únicos, controlados por autoridades governamentais, que também envolvem parcerias público-privadas como um meio de auxiliar a cidade a reformular sua imagem. Desse modo, a reemergência de lugares nessas cidades como pontos de entretenimento e de lazer no contexto de uma economia pós-industrial, torna-se uma preocupação primordial. Albert Dock, em Liverpool (RU), e Navy Pier, em Chicago (EUA), são dois lugares convertidos em destinos de visitação popular em suas respectivas cidades. No entanto, seu sucesso extraordinário tem se mostrado uma faca de dois gumes. Enquanto ambas desempenharam um papel pioneiro no processo de um novo desenvolvimento urbano e estimularam o crescimento adicional em suas áreas adjacentes, elas também enfrentaram as complexidades de diferentes demandas de consumo. Isso inadvertidamente colocou pressão sobre essas áreas funcionais, à medida que as regiões circunvizinhas cresceram e passaram a competir pelo interesse de visitantes e de residentes. Essas mudanças têm cobrado uma evolução na apresentação de cada área funcional turística, para que elas mantenham sua singularidade e seu apelo junto aos consumidores.

O outro contexto explora a evolução das áreas funcionais turísticas à luz de questões de autenticidade e de sustentabilidade. Plaka, em Atenas, Grécia, é uma vizinhança próxima da Acrópole, que tipifica a velha Atenas e é visitada por milhões de pessoas todos os anos. Embora tenha se desenvolvido consideravelmente nos últimos 30 anos e ganhado um forte apelo turístico, a área também manteve sua herança residencial, em solos arqueológicos ricos. Ao mesmo tempo, esse distrito está enfrentando as consequências do mercantilismo e, embora tenha tentado preservar uma identidade nativa intacta por meio das pressões sempre intensificadas de uma economia carente de turismo, sinais de "disneyficação" são abundantes.

Em contextos urbanos complexos, as áreas funcionais turísticas emergem como formas distintas de um novo desenvolvimento econômico. É o caráter evolutivo desses espaços que nos fornece percepções únicas que apontam para as complexidades, a fluidez e as identidades frágeis dessas localidades. No fim, áreas funcionais turísticas estão situadas em um conjunto de políticas sofisticadas de renascimento urbano e crescimento fiscal, ou sujeitas a desafios de administração que têm o objetivo de equilibrar ambientes naturais e humanos.

O CONTEXTO DO DESENVOLVIMENTO: A ECONOMIA POLÍTICA DAS ÁREAS FUNCIONAIS TURÍSTICAS

É fundamental entender que as áreas funcionais turísticas são parte do processo de produção de uma cidade e sua investigação não deve estar reduzida apenas a estruturas analíticas orientadas pelo consumo. A natureza mutável das economias pós-industriais nas últimas décadas tem ofuscado elementos-chave da acumulação flexível, inerentes ao capitalismo, e tem reduzido o foco necessário sobre o lado da produção da representação espacial. Além disso, outras forças, incluindo as elites municipais e os interesses comerciais e corporativos, têm desempenhado papéis cada vez mais importantes na criação das áreas turísticas. Essas forças continuam não sendo devidamente estudadas.

O debate geral, antigo e contínuo, quanto ao turismo ser ou não uma indústria,[1] e se deve ser examinado como tal, é pertinente aqui. Smith (1995) fornece um panorama abrangente desse discurso, apontando para a sua importância vital. Tucker e Sundberg (1988) indicam que a falta de um processo de produção específico e um produto turístico único torna difícil examinar o turismo como uma atividade econômica individual. Leiper (1990, 1993) argumenta que o turismo é uma mistura de atividades e setores, e que não pode ser examinado independentemente. Por fim, Smith (1991, 1993, 1994) declara a existência de uma indústria do turismo, usando uma abordagem de economia de oferta, oferecendo no processo uma definição de indústria para análise posterior.

Essas trocas concentram-se principalmente em argumentos e classificações que visam entender melhor os aspectos do turismo. No entanto, uma integração coerente de argumentos políticos e sociológicos também pode contribuir, e muito, para essa discussão. Especificamente, de que forma as instituições sociais auxiliam ativamente na criação e no processo evolutivo de áreas turísticas? Que papel desempenham o setor público, as parcerias público-privadas, as campanhas de construção de imagem e os debates mais amplos sobre a função da cidade no argumento em prol da criação desses espaços e lugares? São questões importantes, especialmente quando examinamos os aspectos e as forças fundamentais que estimulam o desenvolvimento e o crescimento desses ambientes espaciais. Como Judd (2004: 1) apropriadamente declara:

> [espaços turísticos têm] que ser vistos como uma indústria, um sistema de produção, e não como uma atividade de consumo e o produto turístico como parte do processo da cadeia produtiva.

Essa noção de produção espacial no turismo pode ser obtida observando-se o crescimento extraordinário das construções com o objetivo de apoiar localidades novas ou já existentes. Atividades recentes de desenvolvimento de infraestrutura relacionada ao turismo podem ser encontradas pelo mundo em cidades de todos os tamanhos. Bairros praianos, prédios de museus, complexos esportivos, grandes locais para eventos ao ar livre e áreas de entretenimento elaboradas tornaram-se formas importantes de desenvolvimento urbano. Esses projetos geralmente exigem grandes investimentos financeiros, porém um capital político substancial deve ser gasto para assegurar a sua realização. Judd (2003: 3) refere-se a isso como um "fenômeno global" e um recente estudo de Chicago revelou que, como consequência de um programa de construção planejado, de bilhões de dólares, a cidade fez um esforço deliberado para reorganizar fisicamente o lago e acolher o avanço do turismo urbano como uma ferramenta de desenvolvimento econômico (Spirou, 2006).

É evidente que as áreas funcionais turísticas transformaram-se em instrumentos políticos importantes e comuns que buscam o crescimento urbano e/ou a promoção da mudança urbana. A atenção à criação, promoção e manutenção dessas localidades tem se

---

1   Indústria, na tradução direta de *industry*, representa, aqui, atividade econômica.

intensificado nos últimos anos como consequência de forças complexas embutidas na rápida evolução da economia política das cidades e enquadradas na natureza dinâmica e na inter-relação entre estrutura e ação. Um exame minucioso do desenvolvimento dessa política revela que as áreas funcionais turísticas são agora capazes de construir identidades urbanas distintas. Especificamente, a introdução de estratégias de planejamento de *marketing* e de destinos relacionados cria paisagens poderosas, levando adiante o avanço municipal, enquanto refaz a imagem do centro urbano. Essa direção ampla tem encorajado a competição entre cidades à medida que elas buscam diferenciar-se com base nas possibilidades de "entretenimento" que oferecem a visitantes e residentes.

Essas observações sugerem um plano de ação deliberado do governo local, das elites municipais e dos interesses comerciais em uma cidade para criar espaços e lugares que possam atrair muitos visitantes e gerar lucros consideráveis. Esses investimentos também são projetados para tornar as cidades mais atraentes, resultando em experiências mais estruturadas para o visitante. É dentro dessa estrutura que o conceito de "bolha turística" pode ser entendido como um descritor preciso dessas áreas. A "bolha turística" sugere Judd (1999: 39), "é como um parque temático... [com] locais padronizados... produzidos para a massa, quase como se fossem feitos em uma fábrica de infraestrutura turística". Esses espaços também podem fornecer um senso de segurança, à medida que o visitante usa transporte em massa para chegar e sair, quase sempre sem observar ou experimentar a vida cotidiana dos residentes próximos. No entanto, como revelam os casos discutidos neste capítulo, as áreas funcionais turísticas nem sempre são monolíticas, ou facilmente conceituadas. Enquanto possuem muitos dos atributos encontrados na "bolha turística", elas também podem operar dentro de contextos distintos e variados. Tendo se expandido a partir de muitos cenários desenvolvidos, elas estão frequentemente sujeitas a forças peculiares, e são moldadas por circunstâncias inesperadas.

ÁREAS FUNCIONAIS TURÍSTICAS: REDESENVOLVIMENTO ECONÔMICO E AUTENTICIDADE CULTURAL

Albert Dock, em Liverpool, e Navy Pier, em Chicago, envolveram grandes projetos de regeneração em suas respectivas cidades. Representam, portanto, exemplos de um tipo de área funcional turística urbana particular e compartilham de elementos semelhantes de desenvolvimento, permitindo-nos a oportunidade de comparar e de contrastar suas características evolutivas. Como um contraponto a esses dois projetos, Plaka, em Atenas, fornece uma oportunidade de se observar uma área funcional turística em expansão, onde o desenvolvimento econômico não tem sido o único imperativo. Em Plaka, a evolução da área funcional turística tem sido conduzida por uma tentativa de se alcançar um equilíbrio delicado entre crescimento econômico, autenticidade e sustentabilidade.

ALBERT DOCK COMO UM AGENTE DA REVITALIZAÇÃO URBANA DE LIVERPOOL

Embora Liverpool possuísse um porto famoso nos séculos XVII e XVIII, a cidade emergiu como força comercial representativa no século XIX, por intermédio do impacto combinado de uma economia industrial burguesa e da importância da Inglaterra como fornecedora de bens manufaturados e de vendedora de recursos naturais para o mundo. Liverpool desenvolveu uma função comercial ativa, primeiramente através de suas docas complexas, localizadas ao longo do Rio Mersey, comercializando bens para a Ásia, a África e as Américas.

Albert Dock foi inaugurada em 1846 pelo Príncipe Albert, e em 1848 possuía a primeira grua hidráulica, uma vantagem fundamental no negócio de transportes marítimos. A doca e o complexo de depósitos tinham aproximadamente 120.000m^2 de espaço e incluíam uma variedade de estruturas. Progressivamente, no entanto, a introdução de grandes navios a vapor pôs em dúvida a funcionalidade da doca, que foi originalmente projetada para acomodar navios veleiros tradicionais. No final do século XIX, os veleiros constituíam apenas uma pequena proporção dos barcos que usavam o porto. Os bens que chegavam e saíam dos armazéns de Albert Dock eram transferidos por barcos ou trem a botes próximos ancorados em instalações mais modernas em outras partes do porto. Perto de 1920, a atividade de navegação comercial de Albert Dock não existia e suas estruturas serviam geralmente como armazém para cargas à espera de liberação mediante o pagamento de impostos e taxas (Hartley, 1988).

Albert Dock, e Liverpool como um todo, estavam sujeitas aos efeitos do declínio mais amplo da indústria manufatureira britânica. Antes agitadas com atividade na zona portuária, as docas da área, fábricas e unidades industriais próximas foram sendo progressivamente fechadas e lentamente deterioradas; muitos dos edifícios foram por fim demolidos. Em 1972, a área foi totalmente desativada e iniciou-se uma discussão sobre a possibilidade de se demolir as estruturas remanescentes. No início dos anos 1980, o Parlamento criou a Merseyside Development Corporation que, em parceria com o Arrowcroft Group começou o redesenvolvimento de Albert Dock. No início dos anos 1980, o Parlamento criou a Merseyside Development Corporation que, em parceria com o Arrowcroft Group, aceitou participar da recuperação de Albert Dock. No início dos anos 1980, o Parlamento criou a Merseyside Development Corporation que, em parceria com o Arrowcroft Group, aceitaram participar da recuperação de Albert Dock. Em setembro de 1983, um acordo entre a Câmara Municipal de Liverpool e essas organizações, lideradas pela recém-criada Albert Dock Company, abriu o caminho para trazer o complexo de edifícios abandonado de volta à vida

Quando, em 1988, o príncipe de Gales reinaugurou oficialmente a Albert Dock, ela se convertera para servir a uma função muito diferente. A área agora incorporava diversas atrações, incluindo-se o Museu Marítimo Merseyside, a rede televisiva de notícias Granada, o Museu Nacional de Alfândegas e do Fisco de Sua Majestade, a Tate Gallery e o Museu da História dos Beatles. A área também incluía muitas lojas, bares, restaurantes e outros negócios. A restauração dos edifícios e dos armazéns da doca foi impressionante, e Albert Dock destacou-se por ser distintamente diferente das vastas (e destruídas) áreas com equipamentos portuários, que dominavam a paisagem da orla marítima de Liverpool.

A renovação, que custou 100 milhões de libras, mostrou-se extraordinariamente bem-sucedida, ajudando lentamente a transformar o lugar em um ponto central de Liverpool, um sinal do renascimento econômico da cidade e da revitalização de sua orla. Albert Dock era agora uma grande atração histórico-cultural. Além disso, com suas muitas opções e oportunidades de entretenimento, ela se tornou a atração local mais popular, e um dos pontos turísticos mais visitados no Reino Unido (Loney et al., 2004).

Na primeira parte da década de 1990, a doca redesenvolvida foi assunto entre viajantes e autoridades locais dentro e fora do país. Seu *status* foi rapidamente elevado ao de um projeto de regeneração bem-sucedido e de localidade turística que oferecia oportunidades únicas de entretenimento dentro de seu distrito espacialmente delimitado. A visitação cresceu rapidamente, de aproximadamente três milhões em 1989 para cinco milhões em 1993 e 5,7 milhões em 1995. No entanto, a popularidade da área começou a declinar, com a visitação caindo para 4,2 milhões em 2002. Ela ainda manteve sua posição proeminente como principal atração de Liverpool, bem à frente de seu rival mais próximo, o Southport Pleasureland, que atraíra 2,2 milhões de visitantes naquele mesmo ano (The Mersey Partnership, 2005).

A frequência a Albert Dock continuou a cair em 2003 (quatro milhões de visitantes), uma tendência documentada em muitas reportagens locais, especialmente à medida que a cidade preparava uma proposta para concorrer ao posto de capital cultural da Europa em 2008. Por exemplo, a *Destination Benchmarking 2002, Liverpool Report* (North West Tourist Board, 2003) incluiu os seguintes comentários negativos de visitantes à área: "Sinto que Albert Dock se deteriorou..." (p. 57); "Não há assentos suficientes na parte interna de Albert Dock para idosos e deficientes..." (p. 60) e "Pensamos que haveria muitas lojas e coisas para se ver e fazer em Albert Dock... ela já foi uma grande atração turística, mas agora parece estar em estado precário" (p. 59). Outra reportagem importante (The Mersey Partnership, 2003), com o objetivo de propor uma visão e uma estratégia para o turismo em Liverpool até 2015, concluiu que havia uma "necessidade de melhorar a oferta de varejo em Albert Dock (p. 28) e que "a despeito das atrações fixas, [Albert Dock] precisa apoiar melhor as instalações a fim de preservar seu apelo junto aos visitantes" (p. 60).

Fica claro que, a partir dessas avaliações recentes, enquanto área funcional turística, Albert Dock está entrando em um segundo estágio de desenvolvimento interno, e necessita de uma atualização a fim de atender demandas variadas. No entanto, à medida que se desenvolve, sua função dentro dessa nova era também começa a mudar lentamente. Mais de 20 anos depois de sua revitalização, ela é agora vista externamente como parte de um esforço de desenvolvimento mais amplo da orla que ajudou a fundamentar e a estimular o renascimento de Liverpool. De acordo com o The Mersey Partnership (2003: 22),

> Albert Dock revigorada [é] um elemento fundamental do projeto do Parque Regional Mersey Waterfront e um elemento vital na melhora do apelo da orla da cidade, que terá benefícios indiretos sobre todos os segmentos turísticos.

Do mesmo modo, um estudo de desenvolvimento do centro residencial reconheceu o impacto positivo da área funcional turística no desenvolvimento subsequente da área, notando que :

> há o reconhecimento de que a melhora do ambiente físico da região trará benefícios importantes e tangíveis... A restauração da outrora abandonada Albert Dock provou ser um grande bem turístico, e tem atraído novos investimentos em moradias, escritórios e instalações de lazer (Jones Lang LaSalle, 2002: 22).

Essa área funcional turística está no cerne da revitalização de Liverpool, uma vez que sua presença estimulou muitos milhões de libras em investimento dentro da área como um todo. Ao mesmo tempo, para além de suas contribuições econômicas, seu efeito tem se mostrado ser também psicológico. Há inúmeros exemplos de suas vantagens adicionais. Por exemplo, o Cassino Leo abriu em dezembro de 2002, na Queen's Dock (ao lado de Albert Dock), e com entretenimento ao vivo, um restaurante, dois bares e mais de 20 mesas de jogo, tornou-se um dos mais populares redutos da noite da cidade.

Como parte da orla, um dos ativos mais importantes da cidade, Albert Dock pode ser responsabilizada pela revitalização residencial e comercial de Liverpool. O acréscimo de uma nova estrutura de cruzeiros no recém-revitalizado Pier Head trará turistas diretamente à cidade, vindos do mar. Os impressionantes jardins naquela instalação servem como um ponto de orgulho cívico e uma área de recepção de visitantes. As próximas Mariners Wharf, South Ferry Quay e Navigation Wharf, todas partes da Marina de Liverpool, têm experimentado crescimento substancial de residências, com unidades de apartamentos e moradias recém-construídas ou convertidas. Casas estão sendo vendidas a preços altos, atraindo principalmente residentes ricos, que estão redescobrindo a área e tirando vantagem das comodidades culturais próximas. Em 2003, Kings Waterfront, na Kings Dock, testemunhou o desenvolvimento de 200 unidades residenciais que incluíam luxuosas coberturas. O iate clube próximo oferece oportunidades de lazer, e um projeto ambicioso adicional, de utilização mista, estará disponível em breve.

Nos últimos anos, inúmeros outros desenvolvimentos ocorreram no revitalizado bairro Waterfront. O Hotel Crowne Plaza foi erguido em 1998, como parte da reabilitação de Princess Dock, e outros foram construídos na área adjacente. O setor de escritórios comerciais também tem crescido substancialmente nos últimos anos, e novos edifícios comerciais nas docas reabilitadas atraíram grandes locatários, incluindo-se a PriceWaterhouseCoopers, a KPMG e a Agência de Registros Criminais. Esse sucesso não foi acidental, com uma reportagem da Câmara Municipal comentando que "as sementes da renascença de Liverpool foram plantadas no início dos anos 1980... por meio [da] transformação de Albert Dock em uma das principais atrações turísticas da cidade" (Liverpool City, 2004: 2).

NAVY PIER: PLANEJAMENTO GRADUAL DE UM AMBIENTE TURÍSTICO TEMÁTICO

A história de Chicago sempre esteve fortemente ligada à sua orla marítima. Ela surgiu como cidade importante no século XIX devido ao sistema de navegação dos Grandes Lagos que, via Rio Chicago e Canal de Illinois e Michigan, forneceu aos mercadores acesso fácil ao Rio Mississippi. Desse modo, aliado ao sistema ferroviário abrangente e rapidamente desenvolvido, Chicago disponibilizou acesso direto ao interior do país, transformando a cidade na "Entrada para o Oeste".

O Navy Pier, localizado às margens de Chicago, tem uma longa história de conexão com a cidade. Ele foi aberto pela primeira vez ao público em 1916 e serviu inicialmente como centro de negócios e de recreação. O público visitante aumentou, especialmente depois da melhoria de acesso com a introdução de uma linha de bonde. Teatros e restaurantes tornaram o local um destino popular, e em 1920 as visitas teriam alcançado a marca de 3,2 milhões de pessoas anualmente. A área decaiu durante a Grande Depressão, embora, mesmo nesse período, continuasse a ser o local favorito de Chicago. Durante a Segunda Guerra Mundial, a cidade arrendou a estrutura à Marinha. Seu uso público ficou restrito, à medida que era utilizado como instalação de treinamento para pilotos e outros membros do exército. Depois da guerra, a Universidade de Illinois passou a usá-lo gradualmente como um de seus *campi*, porém ele degradou-se lentamente durante as décadas de 1970 e 1980. Esforços para revitalizá-lo não tiveram sucesso e ele se tornou símbolo de decadência urbana. Um relatório de 1986 encorajou sua reabilitação e transformação em espaço cultural e recreativo a um custo estimado de 100 milhões de dólares (Ziemba, 1986).

A reabilitação do Navy Pier foi parte de uma agenda mais ampla de desenvolvimento urbano. Desde a década de 1990, Chicago iniciou um programa bastante ousado de revitalização de obras públicas às margens de seu lago, com o objetivo de criar comodidades que atrairiam visitantes e auxiliariam na geração de renda. Além do Navy Pier, outros grandes projetos de construção civil incluíram o Millennium Park, o Soldier Field, o Meigs Field, o Museum Campus e inúmeras iniciativas de expansão do McCormick Convention Centre. Isso tudo além dos muitos gastos municipais em embelezamento urbano, e com uma variedade crescente e contínua de festivais ao ar livre, *shows*, desfiles e eventos similares, que trazem milhares de visitantes à área central.

Em 1989, a propriedade do Navy Pier foi transferida a uma agência governamental, a Metropolitan Pier and Exposition Authority (MPEA), que iniciou e supervisionou um grande processo de reestruturação. A MPEA posteriormente manteve o controle do desenvolvimento e das operações de instalação. Com um custo de mais de 200 milhões de dólares, a reabilitação foi concluída e o Navy Pier reaberto ao público em 1995. Desde então, ele se tornou uma grande área turística de entretenimento ao longo da foz do Rio Chicago, atraindo milhões de visitantes à cidade e à beira de seu lago. Suas atrações originais incluíam o Chicago Children's Museum, um jardim botânico coberto de 32.000m^2, uma roda gigante de altura equivalente a 14 andares, áreas de entretenimento nas ruas, com palcos ao ar livre, um cinema IMAX, espaços para lojas, restaurantes, praças de alimentação, uma concha acústica, uma sala de concertos, um enorme salão de baile e 20 hectares de parques e passeios públicos. Com o passar dos anos, o Pier tornou-se a atração mais popular da cidade. De acordo com o Escritório de Turismo e o Chicago Convention and Visitors Bureau (2006), 3,5 milhões visitaram a área em 1995, em seu primeiro ano de operação. A visitação anual cresceu rapidamente para mais de sete milhões em 1997 e continuou a aumentar até 2000, quando atingiu o pico de nove milhões. Posteriormente, caiu para 8,7 milhões em 2005, embora isso representasse um aumento no número de visitantes conquistados em 2002 (8,5 milhões). Estima-se em 2003 que os 8,7 milhões de visitantes do Pier naquele ano geraram um total de US$ 45,8 milhões de receita.

Como Albert Dock, o Navy Pier serve principalmente como um centro de turismo para a região. Dados da MPEA de junho de 2005 revelam que mais de 70% dos visitantes do Navy Pier são locais. Especificamente, 39% vêm da cidade de Chicago e 32% dos subúrbios mais próximos. Outros 25% vêm de outras cidades norte-americanas, e apenas 4% são turistas estrangeiros. O Pier também provou ser um centro de entretenimento completo, capaz de manter seus visitantes ocupados por longos períodos de tempo. De acordo com a MPEA (2005), 44% dos visitantes passaram cinco horas ou mais na área, e 52% das visitas duram em média três a quatro horas.

O sucesso desse *precinct* (área funcional turística) é simplesmente extraordinário, e a maioria dos turistas que visita a cidade a negócios ou a lazer passa algum tempo no Navy Pier. No entanto, pode-se argumentar que esse sucesso tem um preço. As renovações no local foram tão amplas que ele não faz mais parte do Registro Nacional de Lugares Históricos (National Register of Historic Places). As atividades de reabilitação em 1991 comprometeram a integridade histórica do Pier, o que resultou em perda de sua distinção (Reardon, 1992). Em contrapartida, Albert Dock manteve sua avaliação "grau 1" na lista de bens tombados (1952) e seu *status* de área de conservação (1976) depois de sua revitalização.

Um ingrediente principal da popularidade crescente do Navy Pier é o compromisso da autoridade gestora de mantê-lo "novo" ao introduzir constantemente novas atrações e atividades. Em 1997, juntamente com a realização do primeiro Festival de Navios de Grande Porte, foi construído um novo estacionamento com seis andares, ampliando o total de vagas para 1.800. O ano seguinte testemunhou a abertura do Teatro Chicago Shakespeare, com 525 lugares, uma réplica do Swan Theather de Londres. Um *pub*, um centro de pesquisas para professores e um jardim inglês também foram acrescentados, diversificando significativamente o uso do píer como um todo. Em 2000, o Museu Smith de Vitrais foi inaugurado na área, sendo o primeiro desse tipo nos EUA (Weiss, 1999; Wilk, 2000).

No início de 2006, a MPEA revelou planos de mudanças adicionais. Uma grande renovação foi sugerida, basicamente reorientando a área turística, com o objetivo de aumentar a frequência e a renda. De acordo com Leticia Peralta Davis, CEO da MPEA,

Navy Pier é um grande sucesso hoje, mas precisamos assegurar que o sucesso continue... Esperamos ter uma projeção de como o Navy Pier estará nos próximos 10 anos. Queremos manter as coisas muito acessíveis. Um local de entretenimento como o Navy Pier precisa manter as coisas sempre acessíveis (Ryan, 2006).

Os planos incluem estruturas adicionais de estacionamento, elevando o número de vagas para 3.300; um novo espaço para o Chicago Shakespeare, ampliado para 900 lugares; um novo hotel; um sistema de monotrilho, que melhorará a experiência dos visitantes do Pier; e uma roda-gigante maior, que pode ser usada o ano inteiro, com serviço de alimentos e bebidas agregado. A parte mais ambiciosa do plano inclui um parque aquático nos Grandes Lagos, com aproximadamente 8.000m^2, o segundo maior desse tipo no mundo. Além disso, um parque coberto com atrações e uma nova marina com 250 vagas para barcos serão adicionados ao complexo.

A resposta do público a essa "plástica" no Navy Pier foi variada. Críticos descreveram o plano como um "lapso de planejamento estético", uma "restauração falsa", um "*shopping center*" e "um punhado de lixo reunido" (Kamin, 2006). A prefeitura está, no momento, analisando os aspectos econômicos e tentando identificar fontes de financiamento para iniciar as obras.

A despeito de alguma oposição às propostas atuais, o Navy Pier parece ter gerado benefícios significativos. Como Albert Dock, em Liverpool, o Pier causou impacto considerável nas comunidades próximas, incluindo-se o estímulo à revitalização de moradias na vizinhança adjacente de Streeterville (Kaiser, 1997; McCarron, 1997; Bernstein, 2004).

A VIZINHANÇA DOS DEUSES: REPRESENTAÇÃO E IDENTIDADE EM PLAKA, ATENAS

Localizada ao pé da colina da Acrópole, Plaka é o bairro mais antigo de Atenas. Com uma vizinhança pitoresca, há muitos anos serve de entrada para os milhões de visitantes anuais do impressionante templo de Atena. Nas últimas décadas, a área funcional turística se desenvolveu de várias formas, mantendo uma identidade comercial, cultural, residencial, intelectual e turística. O turismo influenciou Plaka profundamente, tornando-a sinônimo de Atenas e um lugar necessário para se visitar antes de se chegar às ilhas do Mar Egeu (Loukaki, 1997).

Embora o caráter urbano da área projete uma era já passada da sociedade e da cultura gregas, uma característica que ajuda a definir seu apelo, há também uma comercialização generalizada. Esse segundo aspecto suscita questões de autenticidade e ameaça o próprio cerne das qualidades que são responsáveis pelo sucesso da área turística. Sua composição e representação fluidas, além da coexistência entre identidades contraditórias e conflitantes dentro de suas fronteiras, a tornam um ambiente turístico único. Plaka combina o tradicional e o contemporâneo, o antigo e o moderno; promove a cultura local, ao mesmo tempo em que expressa um forte desejo de adotar sua identidade europeia recém-concedida. As instituições religiosas coexistem com as práticas seculares e lojas de lembranças baratas estão localizadas próximas a galerias de arte caras. Há um forte clima de nova boemia, embora uma análise mais atenciosa revele que há espaço para ambientes de consumo organizados e produzidos em massa.

Em seu ponto mais elevado, abaixo da Acrópole, Plaka contém uma vila nos moldes do século XIX. As estruturas altas, charmosas e caiadas de Anafiotika e tavernas íntimas refletem a arquitetura do Egeu. Com suas ruas estreitas e pitorescas, Plaka serviu através dos séculos como parte do centro de Atenas e manteve uma forte característica residencial. Historicamente, a área era um bairro operário, mas o contexto socioeconômico de seus moradores mudou nas últimas décadas. Opções de moradia agora incluem estruturas com um único pavimento, de arquitetura neoclássica, vilas e apartamentos imponentes, ao longo de locais alegres em vales sinuosos. O tráfego de veículos é restrito na maior parte da área, encorajando as pessoas a andarem a pé e dando à área uma atmosfera de energia e dinamismo (Economou et al., 1997).

Durante a década de 1970, Plaka manteve uma cena musical ativa e uma vida noturna vibrante. Casas noturnas e discotecas se espalharam rapidamente, atraindo jovens que lotavam a área em busca de várias oportunidades de entretenimento. A vizinhança desenvolveu lentamente uma reputação desagradável, em grande parte causada pelo número crescente de incidentes de violência e uso de drogas. Temendo a redução do turismo tão próximo à Acrópole, as autoridades locais introduziram uma lei de silêncio, fechando a maioria dos estabelecimentos com música ao vivo e, desse modo, mudando o tom do bairro. O governo também protegeu a natureza histórica da área aprovando um Decreto Presidencial em 1982. Na década de 1990, essa lei foi empregada para permitir a demolição de mais de 30 edifícios que haviam sido construídos sem permissão. De acordo com o Ministro Grego do Meio Ambiente, do Planejamento Urbano e de Obras Públicas, "[o decreto será cumprido] ao pé da letra... não se pode permitir que um clima de terror permaneça na vizinhança dos deuses" (*Athens News Agency Bulletin*, 1996: 28).

Tudo isso ajudou Plaka a se tornar um poderoso destino turístico. Em razão de sua localização geográfica, pequenas lojas de lembranças e presentes foram abertas em grande número na rota de pedestres até a Acrópole. Vendedores de antiguidades, butiques e joalherias especializados em ícones produzidos em massa e feitos à mão foram acrescentados às velhas lojas de couro e estabelecimentos têxteis que operavam na vizinhança por décadas. Tavernas e restaurantes, pequenas hospedarias e hotéis maiores, além da ampliação do horário de compras, também contribuíram para a vitalidade dessa área funcional turística (Deffner, 2005).

No entanto, essa mistura turística/residencial reflete apenas parcialmente as muitas funções urbanas que a área possui. Por exemplo, Plaka tem uma longa história como o bairro líder do varejo de Atenas. Antes da chegada de lojas de departamento imensas, com vários andares, a Rua Ermou, próxima, possuía várias lojas de roupas e de sapatos que atraíam milhares de residentes e também os que visitavam Atenas durante as "liquidações" nas décadas de 1970 e 1980. Durante meados da década de 1990, algumas dessas lojas ampliaram seu mercado, para fazer frente, na forma e na apresentação, às similares encontradas em outras cidades cosmopolitas da Europa.

Plaka é também um centro religioso, à medida que contém várias igrejas, incluindo-se a Igreja Kapnikarea, construída no século XI, a Catedral Metropolitana e sua Pequena Catedral adjacente. O estilo bizantino distinto desses lugares de adoração tornou-se uma atração para turistas locais e de outros lugares. Além disso, no final da década de 1830, a primeira Universidade de Atenas alojou-se ali, e hoje o Museu da Universidade de Atenas, o Museu das Crianças, o Museu da Arte Folclórica Grega, o Museu Frissiras e o Museu Judaico estão todos localizados em Plaka. Numerosas galerias de arte também acrescentam uma aura cultural à vizinhança.

A composição de Plaka se mostra ainda mais diversa e complexa, devido à infusão de atrações arqueológicas. Na parte ocidental da área, próximo à Praça Monastiraki, a Torre dos Ventos descreve de maneira impressionante os nomes e as várias direções para onde sopram os ventos. Datada do século I a.C., a torre mais tarde foi usada como igreja cristã e, sob o reinado dos otomanos, como uma mesquita. Próxima desta estrutura, a Ágora Romana foi construída entre os séculos XIX e XI a.C., durante o império de Júlio César. Com o passar dos séculos, como a Torre dos Ventos, a Ágora Romana também serviu às necessidades religiosas de cristãos e muçulmanos. Outras atrações incluem o Monumento Lysikrates, construído durante o século IV a.C., e a antiga Rua dos Tripods. Arqueologicamente, essa área está sob investigação científica e na vanguarda da pesquisa. Por exemplo, obras acadêmicas recentes sugerem que o Pritaneu ateniense ficava supostamente localizado embaixo de uma quadra existente (Schmalz, 2006).

Plaka é única, quando comparada a outras áreas funcionais turísticas urbanas. Suas funções compósitas, complexas e diversas permitem a formação de características distintas. É através dessas imagens contrastantes (residencial, representativa de distintas épocas históricas, comercial, artística, religiosa e arqueológica) que a comunidade passa a construir sua identidade turística.

Projetar a cultura tradicional por meio do que poderia ser visto como hipercomercialização suscita questões sobre a autenticidade da vizinhança. A consequência da comercialização que surge do turismo pode significar que Plaka esteja perdendo vantagem como "vila tradicional" paradigmática na cidade, onde visitantes podem ter acesso fácil à cultura folclórica grega nativa. Isso, por sua vez, pode tornar a cidade previsível, ameaçando sua viabilidade futura como um destino turístico preferencial. Dentro dessa dinâmica, a Atenas central (que inclui Plaka) está no momento passando por um processo de reurbanização conduzido pela *gentrificação*. Uma possível reorganização espacial pode também mostrar-se influente na reconversão desse local ao seu *status* passado de distrito predominantemente residencial (Leontidou et al., 2002).

CONCLUSÃO

Como apontam os três casos descritos acima, as áreas funcionais turísticas evoluíram de várias maneiras. Além disso, elas se desenvolveram a partir de uma diversidade de bases fundamentalmente diferentes e de uma variedade de processos e de influências que as conduziram. As origens das áreas turísticas urbanas variam, como variam os resultados dos processos de desenvolvimento que lhes servem como base – sua estrutura, funções e relacionamentos finais com seus ambientes circundantes. O foco deliberado e a composição contínua de Albert Dock com o passar do tempo a torna bem diferente de Plaka, onde a área turística evoluiu de maneira mais orgânica.

E, embora áreas funcionais turísticas em antigas cidades europeias como Atenas, Roma, Londres e Paris se mantenham através de sua poderosa herança histórica e atrações mundialmente populares, a situação é diferente em outros lugares. Cidades como Sydney (Darling Harbour), Chicago (Navy Pier), Liverpool (Albert Dock) e Baltimore (Inner Harbor) construíram áreas funcionais turísticas para complementar atrações existentes ou criar novas. Elas também desenvolvem esses projetos como meio de reavivar sua imagem, reverter a deterioração física crônica e/ou gerar maior capacidade de renda. No entanto, há outras modalidades de áreas funcionais turísticas urbanas, na maioria das vezes imprevisíveis em seu nascimento e altamente especializadas em sua função. Por exemplo, há enclaves como a International Drive (I-Drive) em Orlando, Flórida, onde, em um trecho de aproximadamente sete quilômetros, milhares de turistas se reúnem em 226 restaurantes e lanchonetes, 102 hotéis e motéis e 41 salas de cinema. O interessante é que a I-Drive surgiu para suprir as necessidades de outra área turística próxima, a Disney World.

Há várias questões que as áreas funcionais turísticas urbanas enfrentam devido ao fato de as autoridades locais e os investidores tentarem assegurar seu sucesso contínuo. Interesses múltiplos referentes à autenticidade são em grande parte devidos à intensa transformação desses locais estruturados em mercadoria. Por exemplo, Albert Dock inspirou a remodelação das docas de Buenos Aires, Puerto Madero. No entanto, reproduzir experiências de sucesso em outros locais cria competição, o que pode se mostrar potencialmente ameaçador à viabilidade futura de investimentos em infraestrutura de áreas funcionais turísticas. A competição intensa entre cidades como destinos turísticos pode também prejudicar a efetividade do desenvolvimento econômico desses investimentos, em sua maioria públicos.

CONSTRUINDO EXEMPLOS BRASILEIROS

Ainda que aparentemente raras, as áreas funcionais turísticas urbanas podem ser identificadas em casos brasileiros como, por exemplo, o Mercado Ver-o-Peso, em Belém (PA), o Pelourinho, em Salvador (BA) e o Recife Antigo, em Recife (PB).

A identificação dos mesmos se dá por meio das respostas às questões a seguir.

Há, na cidade avaliada, uma aglomeração de produtos e serviços mais voltados ao turista, mas que também atenda ao morador?

Nesta área funcional, é possível notar a preservação da cultura autêntica? E, em caso negativo, de que forma seria possível promover o desenvolvimento sustentável da atividade turística?

Entretanto, é possível inspirar-se nos estudos apresentados para planejar áreas urbanas que possam se constituir em áreas funcionais turísticas. Abaixo, uma sugestão de perguntas para direcionar o debate.

Em cidades onde não seja evidente a existência de áreas funcionais turísticas, é interessante criá-las? Elas poderiam reunir, além do turismo, outros propósitos?

Que instituições estariam envolvidas na criação de uma área funcional turística em sua cidade? Qual seria o papel de cada uma delas?

De que forma uma área funcional turística mantém sua atratividade ao longo do tempo?

CAPÍTULO 3
Lugares e pessoas: uma tipologia de áreas funcionais turísticas

Tony Griffin, Bruce Hayllar e Deborah Edwards

INTRODUÇÃO

Na maior parte das cidades que atraem um número considerável de visitantes, a existência de áreas funcionais turísticas é um fenômeno nitidamente observável. Isso acontece porque tais espaços tendem a possuir características inconfundíveis, que os qualificam como lugares para turistas, ainda que muitos usuários sejam residentes do local. Tais características podem ser predominantemente físicas (ligadas ao espaço natural ou ao estilo e escala arquitetônicos) ou culturais (refletindo o domínio e a influência de alguma comunidade étnica em particular). Por outro lado, esses traços distintivos podem ter origem no uso territorial por parte de certas atividades, como restaurantes e vida noturna, *shoppings*, museus e outras atrações culturais, arenas esportivas ou de entretenimento; ou na justaposição de dada área funcional turística com um ambiente físico atrativo (como praias, portos ou *waterfronts*)[2]. Todos esses espaços citados representam características um tanto superficiais das áreas funcionais turísticas, mas é assim que normalmente elas são descritas e classificadas na literatura técnica. A pergunta que não quer calar, nesse caso, é se tal categorização das áreas turísticas urbanas é realmente prática, no sentido de facilitar o entendimento de como elas funcionam e do que é necessário fazer para que funcionem ainda melhor.

---

2   N.R. – *Waterfront* – Optamos por manter o original em inglês, indicando uma parte da cidade com vista para um lago, rio ou mar, que historicamente tinha uma função. Bons exemplos são as estruturas de docas portuárias, como Albert Dock, em Liverpool, e Puerto Madero, em Buenos Aires.

Este capítulo se baseia na perspectiva de que é mais interessante entender quais benefícios as áreas funcionais turísticas trazem para seus visitantes do que simplesmente reconhecê-los por suas características singulares – embora este último ponto ofereça uma base que permite descrever tais áreas de uma forma instantaneamente compreensível. A maioria das pessoas consegue assimilar o sentido de termos como "centro histórico", "bairro artístico" ou "bairro cultural"; no entanto, o conceito por trás de "mercado aberto" talvez não seja tão acessível assim. Nos mesmos moldes, a descrição de um lugar chamado Chinatown ou Little Italy evoca de imediato uma imagem mental bastante clara.

No entanto, tais descrições não são tão exatas quando o assunto é explicar por que os turistas são atraídos a esses lugares; quais atributos específicos desses lugares contribuem para incrementar a experiência turística; e como as vivências nesses lugares ajudam a modelar a experiência de ser um turista em uma cidade. Elas também não explicam, por exemplo, por que determinadas seções étnicas de uma cidade atraem turistas, enquanto outras não. Além disso, pode ser que áreas funcionais turísticas completamente diferentes estejam realizando as mesmas funções para os visitantes.

Visto isso, sob a ótica do desenvolvimento de abordagens apropriadas para o planejamento, a gestão e o *marketing* de uma área funcional turística, seria possível dizer que é muito mais prático entender as atividades realizadas em cada espaço e desenvolver formas de aprimorar essas atividades, do que ser capaz de descrever uma área dessas usando uma expressão superficial.

O capítulo começa com uma discussão sobre como as áreas funcionais turísticas das cidades são classificadas ou descritas na literatura, culminando com a apresentação de uma proposta alternativa de tipologia de áreas funcionais turísticas, baseada nas atividades que elas desempenham para o turista.

TIPOLOGIA DESCRITIVA DE ÁREAS FUNCIONAIS TURÍSTICAS

Uma grande variedade de termos já foi usada para descrever os diferentes tipos de áreas funcionais turísticas das cidades. Os tipos identificados, discutidos e que apresentam significado relevante nas obras da área são as seguintes:
- distritos recreativos ou de turismo de negócios;
- áreas de comércio turístico;
- centros históricos ou tombados;
- regiões ou bairros étnicos;
- regiões ou bairros culturais;
- regiões de entretenimento;
- distritos da luz vermelha ou zonas da boemia;
- *waterfronts;*
- áreas de eventos.

A maioria das categorias acima depende do enfoque em um conjunto específico de práticas de uso territorial em um espaço delimitado. Uma das primeiras caracterizações de áreas que hoje podem ser descritas como espaços funcionais turísticos foi "distritos de negócios recreativos" (Stansfield e Rickerts, 1970; Taylor, 1975), que enfatiza uma concentração de atividades cuja intenção é atender às demandas específicas de turistas e residentes. Getz (1993a) mais tarde usou a expressão "distrito de turismo de negócios" para descrever lugares cuja principal característica era a existência de um razoável leque de atividades comerciais cujo foco consistia em atender às demandas dos turistas de uma cidade, ao invés dos moradores. Mais especificamente, áreas funcionais que apresentavam aglomerações de lojas de varejo voltadas ao turismo foram classificadas como "áreas de comércio turístico" (Getz, 1993b; Getz et al., 1994).

Outros estudos promoveram, de forma implícita, a ideia de que os turistas costumam se dirigir a áreas funcionais que oferecem tipos específicos de atividades, não importando se tais áreas foram originalmente construídas para atender à demanda turística do local ou não. Pearce (1998), por exemplo, discutiu as atividades turísticas de distritos de entretenimento situados em Paris; Hannigan (1998) fez o mesmo, tendo Londres como pano de fundo. Ashworth et al. (1988), em seu estudo sobre os distritos da luz vermelha na Europa Ocidental, reconheceram o apelo que esses lugares exercem sobre os turistas, embora eles venham sempre acompanhados de controvérsias e tensões. Um exemplo é o trabalho que Maitland e Newman (2004) realizaram no distrito de King's Cross, em Londres. Ao investigarem as opiniões dos turistas sobre o local, os pesquisadores descobriram que o vínculo da área com a prostituição era um dos aspectos que os visitantes mais reprovavam. No entanto, eles também percebem que essa "sujeira" urbana dá sua contribuição às qualidades singulares da área (p. 346).

Já outros locais se apegam a aspectos físicos ou socioculturais como alicerce para se desenvolver na qualidade de – e aprimorar sua utilidade como – área turística funcional. Características dessa natureza tornam esses lugares atrativos aos olhos dos turistas; por conseguinte, atividades econômicas relacionadas ao turismo podem vir a florescer nesses locais, em resposta à atração exercida.

O comum é tais características representarem o que há de mais singular, interessante ou esteticamente atrativo na cidade em que a área funcional turística se situa. Uma atenção especial é dedicada aos centros históricos ou construções tombadas pelo patrimônio histórico, desde que Ashworth e Tunbridge (1990) publicaram seu trabalho pioneiro sobre a cidade histórica. Uma estrutura física bem preservada – que separe bem a área urbana histórica da arquitetura mais moderna e mundana que a cerca – normalmente é um fator decisivo para a atratividade do lugar, e tal estrutura representa uma vasta gama de possibilidades turísticas (Nasser, 2003). Por outro lado, também a natureza sociocultural do lugar pode servir de base para o seu charme, conforme Conforti (1996) comentou ao discutir a capacidade de atração turística dos bairros étnicos em cidades norte-americanas.

Algumas áreas funcionais turísticas foram associadas a tentativas de se reformular, revitalizar ou recuperar zonas urbanas. Nesses casos, nota-se que a área em questão parece ser "fabricada", ao invés de evoluir "naturalmente" com base em algumas das características inerentes ao lugar. A adaptação de zonas originalmente comerciais à beira-mar, para que acomodem propósitos turísticos e recreativos, se tornou uma prática comum e muito estudada na questão do desenvolvimento urbano (Craig-Smith e Fagence, 1995).

A proximidade do mar é um atributo que torna determinadas áreas funcionais muito apropriadas ao turismo (Griffith e Hayllar, 2006a). O "centro comercial" se beneficia disso. O termo originalmente se aplicava à estratégia de reformulação do Faneuil Hall e da zona portuária adjacente em Boston, e caracterizava-se por uma concentração de negócios voltados para a venda de produtos especializados, restaurantes e uma grande variedade de espaços de entretenimento. Com o passar do tempo, o termo passou a ser aplicado a projetos de reformulação de grande porte que seguiam os moldes do original, como o de Harborplace em Baltimore e o de Darling Harbour em Sydney, ambos na Austrália (Rowe e Stevenson, 1994).

Em uma escala consideravelmente menor, o papel dos "bairros culturais" como agentes de revitalização urbana também ganhou destaque (Montgomery, 2003, 2004). Eles representam áreas tanto de produção quanto de consumo cultural. Têm como característica uma ampla variedade de casas e eventos culturais, uma economia noturna bastante forte, e espaços públicos que privilegiam aqueles que querem realizar e também participar das atividades. Ao invés de se valer da transformação completa de uma área funcional – como ocorre no caso dos centros comerciais –, a criação de bairros culturais envolve um processo mais orgânico e sutil de facilitação das atividades culturais, em conjunto com uma estrutura física que favoreça sua implementação (Montgomery, 2003).

UMA PERSPECTIVA FUNCIONAL

Os tipos de áreas funcionais turísticas descritos parecem ser bastante diferentes entre si. É difícil imaginar lugares de natureza mais distinta do que o Quartier Latin de Paris e o Darling Harbour de Sydney. A característica que os une é a presença de um grande número de turistas. Disso se pode deduzir que são locais que estão atendendo demandas ou realizando funções turísticas que outros lugares não desempenham na mesma escala.

É possível argumentar que áreas funcionais turísticas com características superficialmente opostas talvez estejam atuando em uma faixa semelhante de atividades. O segredo para se entendê-las envolveria, dessa forma, uma avaliação das atividades turísticas que elas desempenham, além das qualidades ou atributos que possuem e que permitem a realização das atividades. Sendo assim, o planejamento e a gestão de áreas funcionais turísticas urbanas teriam como foco primeiro o reconhecimento, e, depois, o desenvolvimento, aprimoramento ou manutenção desses atributos funcionais.

Pesquisas que tratam da experiência de turismo nas áreas funcionais turísticas urbanas são um tanto quanto limitadas; consequentemente, o entendimento a respeito da gama de atividades que esses locais podem desempenhar é insatisfatório. A tipologia funcional apresentada neste capítulo baseia-se especialmente em uma série de estudos recentes conduzidos em inúmeras áreas funcionais turísticas situadas em grandes cidades australianas.

O QUE AS EXPERIÊNCIAS DOS TURISTAS NOS DIZEM SOBRE AS FUNÇÕES DAS ÁREAS TURÍSTICAS

O primeiro estudo da série foi conduzido no The Rocks, uma área turística de Sydney (Hayllar e Griffin, 2005) (**Figura 3.1**). Trata-se do local onde se estabeleceu o primeiro povoamento europeu na Austrália; com efeito, é o bairro histórico de Sydney. Ele se une ao centro financeiro da cidade, mas a maior parte de sua estrutura histórica foi preservada. Desde a metade da década de 1970, o bairro tem se desenvolvido, administrado e divulgado objetivando o turismo; com o tempo, ele se tornou um dos locais mais procurados da Austrália, em especial por visitantes estrangeiros.

Esse estudo buscou inovar ao se concentrar na investigação do motivo por que os turistas vão ao bairro, e, para isso, foram conduzidas várias entrevistas detalhadas, com turistas do país e do estrangeiro. Empregou-se uma abordagem fenomenológica, tanto durante a realização das entrevistas quanto na análise dos dados qualitativos que geraram. O objetivo da fenomenologia foi descrito como sendo "transformar a experiência vivida em uma expressão textual de sua essência" (Van Manen, 1990, p. 36).

Figura 3.1 — Terraços históricos, souvenirs e uma lanchonete em The Rocks

As entrevistas revelaram que o The Rocks desempenhava uma série de funções importantes para os turistas, tais como: oferecer um contraste e um descanso do burburinho do centro financeiro; permitir que o turista estabeleça vínculos com a história e o povo de Sydney; proporcionar uma noção mais definida da identidade local, coisas que outras regiões não conseguiam transmitir tão bem.

O segundo estudo da série foi conduzido no Darling Harbour (**Figura 3.2**), outra área turística de Sydney; no entanto, de um ponto de vista físico, trata-se de um lugar diametralmente oposto ao The Rocks. O Darling Harbour representa o arquétipo do conceito de "centro comercial", e foi criado em meados dos anos 1980 a partir de uma zona morta composta por docas, armazéns e pátios ferroviários totalmente abandonados.

Ao contrário do The Rocks, a reformulação de Darling Harbour envolveu a completa remoção da estrutura física original e a criação de uma área turística com uma ampla variedade de atrações, instituições culturais, lojas voltadas para o comércio turístico, locais para alimentação e entretenimento, instalações para eventos, hotéis e espaços públicos como palcos para apresentações.

Figura 3.2 — Darling Harbour: de terreno baldio industrial a área de recreação mundial

Um resultado surpreendente desse estudo mostrou que, apesar de suas aparentes diferenças em relação ao The Rocks, o Darling Harbour desempenhava funções similares para os turistas (Hayllar e Griffin, 2006). Ambos são locais de descanso e contrastam com a loucura da cidade. O Harbour também é um lugar onde os turistas se sentem confortáveis e podem estabelecer vínculos com a população local, visto que lá – diferente do centro financeiro – tanto os visitantes quanto os moradores demonstram um estado de espírito mais descontraído. A sensação de que o lugar serve a pessoas diferentes, que acolhe a todos e os coloca em pé de igualdade, é também um componente dos mais positivos dessa experiência.

O mais inesperado, no entanto, foi a descoberta de que o Darling Harbour funciona como elemento de reforço da identidade citadina. Alguns turistas afirmaram, inclusive, que iam para o local tão logo chegavam à cidade, para poderem sentir que realmente haviam chegado. Essa revelação contradiz a noção geral de que o Darling Harbour (e, por extensão, todos os centros comerciais) seja um lugar sem graça, sem personalidade e que não inspira sensações de pertencimento à cidade (Huxley, 1991; Rowe e Stevenson, 1994).

Os demais estudos da série foram realizados em duas outras cidades australianas. Em Melbourne, os turistas foram entrevistados a respeito de três lugares: a Federation Square (**Figura 3.3**), a Alameda Southbank (**Figura 3.4**) e Williamstown. E, em Perth, o local escolhido foi Fremantle.

Figura 3.3 — Federation Square: um espaço dinâmico, mas qual o propósito?

Tanto a Federation Square quanto a Southbank foram resultado de grandes projetos de reformulação urbana implementados durante os anos 1990. Ambas as áreas turísticas ficam junto ao centro financeiro da cidade, embora a Southbank esteja localizada na margem oposta do Rio Yarra (Griffin et al., 2006).

Figura 3.4 — A alameda à beira do rio em Southbank, Melbourne

Williamstown, por sua vez, fica situada em Port Phillip Bay, a uma distância considerável do centro financeiro. É lá que ficava o porto original de Melbourne. Trata-se de uma área que possui um legado histórico de respeito. O local começou a ganhar espaço como área turística e de lazer à medida que os subúrbios das redondezas foram remodelados e uma rua de comércio especializado e de cafés foi surgindo ao longo da orla. As experiências turísticas em Williamstown são bastante comparadas com as de Fremantle (Griffin e Hayllar, 2006), um lugar que tem natureza e história semelhantes às de Williamstown, mas que conservou seu papel de principal porto de sua cidade, Perth.

Em linhas gerais, os últimos estudos reforçaram muitas das descobertas feitas pelas pesquisas conduzidas anteriormente em Sydney. Várias das funções voltadas para o turismo identificadas nos estudos originais apareceram como sendo importantes para ao menos algumas das áreas funcionais pesquisadas mais tarde. E também houve a descoberta de funções novas. Por exemplo, a Federation Square pareceu cumprir alguns papéis que as outras áreas pesquisadas não preenchiam: ser um ponto de encontro para os turistas e servir de orientação, uma espécie de referência para se poder explorar a cidade de forma segura.

Pelo que se pôde ver, embora se tenha confirmado semelhanças nas funções básicas desempenhadas pelas áreas turísticas analisadas, outras descobertas significativas surgiram como resultado das pesquisas:

- as diferenças nas funções desempenhadas não estão necessariamente relacionadas a diferenças nas características físicas ou socioculturais. Houve grandes semelhanças entre locais bastante distintos (The Rocks e Darling Harbour, por exemplo) e diferenças substanciais entre locais bem parecidos (como Williamstown e Fremantle);
- algumas áreas funcionais turísticas tiveram mais êxito do que outras ao desempenharem tais funções. Em alguns casos, foi possível discernir as razões pelas quais certo local tinha dificuldades em realizar uma determinada atividade. Por

exemplo, o formato físico e a configuração da Federation Square fizeram com que ficasse complicado para seus visitantes entenderem e explorarem o local. Foram poucos os que disseram ter descoberto tudo que o local tinha a oferecer, pelo simples fato de que a maioria não soube como acessar os espaços internos a partir da região externa, pública. Além disso, tal configuração não era convidativa à exploração, muito menos sugeria que havia mais coisas a se descobrir por ali. Em contrapartida, as estreitas ruelas de paralelepípedo em The Rocks instigavam os visitantes a descobrir o que os esperava ao dobrar cada esquina. Elas também levavam os turistas a sentir que estavam descobrindo algo interessante sobre o bairro e, incidentalmente, sobre a cidade em que ele se localiza;

- via de regra, houve uma relação entre as funções desempenhadas pelas áreas funcionais turísticas e as percepções da qualidade da experiência por parte do turista. Quando uma delas não estava realizando uma dada tarefa de forma satisfatória, ou cumpria apenas parte das tarefas estabelecidas, era mais provável que os visitantes se mostrassem decepcionados com a experiência. Southbank, por exemplo, foi tida como um lugar agradável, mas que oferecia pouca variedade de experiências, e poucas chances de se explorar em detalhes algumas características de Melbourne. Por isso, não se sobressaiu como área turística. Por outro lado, Darling Harbour foi descrita de forma bastante eufórica por vários visitantes, e vista como um lugar em que cada nova visita oferecia a chance de se descobrir algo completamente novo. Além do mais, a região foi vista como uma representação perfeita do que é Sydney, ou ao menos daquilo que os turistas imaginaram que seria Sydney;

- assim como pode haver áreas funcionais turísticas diferentes, pode haver também tipos de turistas diferentes que visitam e usam essas áreas. Uma área funcional turística pode desempenhar várias funções visando a vários turistas de forma simultânea. Sendo assim, uma deficiência de desempenho em uma função específica pode ser sentida apenas por um tipo particular de turista. Já para outros tipos, o desempenho pode corresponder às expectativas e proporcionar uma experiência bastante satisfatória. No estudo feito sobre o bairro The Rocks (Hayllar e Griffin, 2005), foram traçados os perfis de três tipos de turistas, com base nos depoimentos coletados a respeito das experiências no lugar: exploradores, pesquisadores e experimentadores. Essa tipologia foi reforçada pelos estudos subsequentes, embora se tenha observado que certas áreas turísticas atendem às necessidades de alguns desses tipos de forma menos eficiente que às de outros. A configuração confusa da Federation Square e o desenho unidimensional da Southbank foram motivo de frustração para o explorador (Griffin et al., 2006); já o experimentador sofreu com a falta de coisas para se ver e fazer em Williamstown. As características definitivas desses três tipos de turista, juntamente com as implicações que eles trazem ao planejamento e gestão de áreas funcionais turísticas, são mostrados mais adiante neste capítulo.

AS PRINCIPAIS FUNÇÕES DAS ÁREAS TURÍSTICAS

Em geral, os estudos apresentados anteriormente identificaram uma ampla variedade de funções que parecem ser realizadas pelas áreas turísticas urbanas. Ao se observar mais proximamente, é possível estabelecer uma divisão em três grandes grupos, a saber:

- funções facilitadoras;
- funções externas ou de estabelecimento de vínculos com o lugar;
- funções internas ou de estado de espírito.

As funções *facilitadoras* fazem referência a algumas das necessidades básicas que os turistas têm quando estão em um ambiente estranho. As áreas turísticas tendem a ser partes bem conhecidas e inconfundíveis dentro de uma cidade, podendo funcionar como pontos de encontro com outros visitantes – ou mesmo residentes do local – antes de atividades como visitas a pontos turísticos ou reuniões informais para uma conversa.

Uma localização central na cidade ou uma boa disponibilidade de meios de transporte ajudam a melhorar o desempenho dessa função. Apesar de suas deficiências, a Federation Square cumpre bem as funções facilitadoras, tendo em vista sua aparência física marcante, sua localização próxima ao centro financeiro de Melbourne e sua posição como um dos principais pontos de acesso ao transporte público da cidade. Em Londres, o Piccadilly Circus desempenha função semelhante. As características proeminentes e a localização central de algumas dessas áreas turísticas também podem ajudar o turista a se orientar geograficamente dentro da cidade, oferecendo a ele um ponto de referência confiável e facilitando seus passeios. Por fim, as áreas funcionais turísticas podem proporcionar oportunidades econômicas – em termos de tempo e gastos – de se ter experiências agradáveis dentro de uma cidade sem ser preciso estender demais a estada. Tal fenômeno poderia ser descrito pela expressão "compressão de experiência". Aglomerar atividades interessantes nas áreas funcionais turísticas é uma forma de se promover tal compressão e ajudar o turista a economizar tempo e dinheiro.

As funções *externas* ou de *estabelecimento de vínculos* buscam, em essência, auxiliar o turista a travar uma relação mais profunda, apreciar ou compreender melhor o lugar que ele está visitando. Nesse contexto, o "lugar" se refere não só à área turística em si, mas à cidade – ou mesmo ao país – que está sendo visitado. A alegação aqui é que o turista não vai à cidade para passar um tempo naquela área funcional, mas a visita como forma de experimentar a cidade em tudo aquilo que ela tem para oferecer. De certa forma, a área funcional turística age como um intermediário, tornando mais viva a ligação do turista com a cidade e sua experiência nela, em especial aproximando-o mais do povo, da história, do modo de vida e do espírito que prevalece no lugar.

Muito já foi escrito acerca da busca do turista pela autenticidade, e a importância que os visitantes dão a isso se tornou evidente durante as entrevistas descritas anteriormente. Por ironia, os visitantes não sentiram que as áreas de comércio cotidiano ofereceram algo de autêntico ou ajudaram a estabelecer vínculos com o local. O centro de Sydney ou de Melbourne foi considerado igual ao de qualquer cidade moderna – nem sequer foi dito que tinha algo de australiano. As áreas funcionais turísticas das cidades, por sua vez, funcionaram como importantes indicadores da identidade de cada local. São elas que preenchem a mente do turista com lembranças da cidade e ajudam a legitimar pressuposições acerca da natureza e das qualidades especiais de cada lugar.

As áreas funcionais turísticas também ajudam a tornar uma cidade mais acessível para o visitante, especialmente quando ele não tem muito tempo para conhecer o local de forma aprofundada. Quem sabe, do ponto de vista do viajante, uma área funcional turística bem-sucedida seja aquela que funciona como uma espécie de caricatura da cidade, capaz de assimilar sua essência e transmiti-la a quem está visitando. O conteúdo transmitido não tem de ser preciso, apenas convincente.

No entanto, com base nas evidências apresentadas anteriormente, pode-se deduzir que os turistas se sensibilizam e respondem positivamente a indicadores de existência de "vida real" em uma área turística – como crianças da região brincando em Darling Harbour; roupas penduradas em varais em The Rocks; estudantes reunidos após a aula na Federation Square; e os cheiros que emanam dos cargueiros transportadores de ovelhas vivas ancorados na orla de Fremantle (**Figura 3.5**).

Pode-se também traçar paralelos com o valor de "sujeira urbana", conforme colocado por Maitland e Newman (2004) e abordado anteriormente neste capítulo. Em um estudo mais recente, conduzido em Bankside e Islington, duas áreas funcionais turísticas emergentes em Londres, Maitland (2006) descobriu que observar os moradores vivendo seu dia a dia é uma atividade que serve a um propósito determinado dentro da experiência do turista urbano. O pesquisador notou que:

> um episódio trivial, como ver um funcionário de um escritório digitando algo no computador, tornou-se um ponto de interesse, uma agradável experiência de convívio. [...] Conhecer a cidade acabou virando uma atividade mais voltada para o social – os residentes da cidade, as lojas e cafeterias locais, tudo isso adquiriu importância. A ênfase agora está no cotidiano, na convivência com aquilo que é corriqueiro (2006, p. 10).

Figura 3.5 — Pessoas contemplando a Cappuccino Strip, em Fremantle — conectando-se com o patrimônio representativo do sul da Europa

As funções *internas*, ou de *estado de espírito*, se equiparam às maneiras como as áreas turísticas fazem o visitante se sentir dentro da cidade. Em geral, tais áreas permitem que o visitante consiga obter ou preservar seu estado de turista em um ambiente que não foi construído tendo em vista o turismo (uma cidade, por exemplo).

Quando viajam, os turistas buscam uma mudança de estado de espírito por meio da experiência turística. Quem se hospeda em um *resort* está em um lugar que foi criado para satisfazer demandas relacionadas a lazer e prazer, e vai interagir ou com turistas que buscam satisfazer as mesmas vontades que as suas, ou prestadores de serviços cuja função principal é satisfazer as vontades dos turistas.

O turista urbano, por sua vez, vai a um ambiente onde predomina a rotina do trabalho e comércio cotidiano, e no qual o principal objetivo das pessoas com quem ele vai interagir ou observar provavelmente não vai ter relação alguma com turismo. Ainda assim, os turistas urbanos normalmente precisam satisfazer certas necessidades psicológicas como: liberdade; novidade; fuga da rotina; e interação tanto com os moradores quanto com outros turistas. Dentro das cidades, é a área funcional turística que oferece um espaço que estimula o surgimento de tais sensações.

Um tema recorrente nos estudos referentes ao que foi descrito no parágrafo acima é o de áreas funcionais turísticas representarem pontos de contraste em relação à cidade. Seria para esses lugares que o turista poderia fugir para encontrar refúgio, relaxar ou apenas dar um tempo na loucura habitual urbana. Nesse caso, o turista não quer estabelecer uma conexão com o local físico em que ele se encontra – ele quer chegar ao estado mental pelo qual anseia! Por isso, o local físico – ou seja, a área funcional turística – tem por obrigação facilitar o processo ao gerar uma atmosfera propícia a esse tipo de coisa, ou então ao oferecer oportunidades de tal porte para o turista.

Das áreas funcionais turísticas australianas que foram estudadas, a Federation Square teve um desempenho pífio, muito por ser um lugar um tanto ininteligível e só oferecer atividades óbvias – portanto, gerou sensações de se estar meio perdido, ou perdendo tempo. Além disso, os visitantes parecem ter sentido reações semelhantes em outras pessoas que estavam na área, o que fez do lugar um ponto pouco interessante para aqueles que gostam de observar.

Em contrapartida, as áreas mais charmosas e gratificantes geraram um forte senso de exploração, que motivava o turista a se locomover sem um objetivo definido e sem medo de se perder. Os turistas também mencionaram o efeito de "desaceleração" mental que eles vivenciaram na área, e a liberdade que sentiram de ficarem mais descontraídos em um local que realmente permitia isso – o que, por sua vez, produzia uma sensação de pertencimento ao lugar. Nas áreas comerciais da cidade, os visitantes sentiam como se estivessem se intrometendo na vida dos moradores. Já nas áreas turísticas, eles se sentiam confortáveis em seu papel de turistas.

Até certo ponto, o estado de espírito pode complementar – e até ajudar a concretizar – algumas funções de estabelecimento de vínculos. Um aspecto das cidades com o qual os turistas normalmente desejam criar uma conexão é a gente que mora lá. As áreas turísticas favorecem esse tipo de conexão de várias formas. Primeiro: para um turista, é importante que haja a presença de moradores da cidade nessas áreas; mais importante que isso, porém, é que tais moradores também estejam aproveitando algumas horas de lazer e, portanto, compartilhem do estado de espírito dos turistas. Isso faz com que os moradores se tornem mais acessíveis aos olhos do viajante, e reduz a sensação de se estar invadindo o território de alguém, substituindo-a por uma noção de partilha de espaço físico. Dentro de uma cidade, as áreas funcionais turísticas representam espaços mais íntimos, onde as pessoas podem se conhecer. Em segundo lugar, de acordo com os turistas entrevistados durante os estudos já mencionados neste capítulo, as pessoas se portam com o máximo de sinceridade quando estão relaxadas e em momentos de lazer. Sendo assim, as áreas funcionais turísticas fornecem uma oportunidade para se ver os moradores e até interagir com eles.

Nem todas as áreas funcionais turísticas urbanas podem ou vão desempenhar essas funções. Entretanto, elas precisam desempenhar ao menos algumas de forma eficiente para terem êxito, e a maioria consegue cumprir com várias dessas funções. Para se sustentarem na posição de lugares capazes de atrair turistas e oferecer a eles experiências recompensadoras, os atributos ou qualidades que fazem com que tal área funcional turística seja capaz de desempenhar tal função precisam ser identificados e preservados.

UMA TIPOLOGIA FUNCIONAL DE ÁREAS TURÍSTICAS

A discussão proposta por este capítulo sugere que o entendimento de como as áreas funcionais turísticas urbanas precisam ser planejadas e administradas passa por uma investigação apurada das funções que elas precisam desempenhar para os turistas. Uma tipologia que tenha como base descrever as características essencialmente superficiais dessas áreas (Ex.: "centro histórico" ou "bairro cultural") não é adequada para isso. Já outra fundamentada em considerações funcionais poderia apresentar resultados mais significativos. Por exemplo, as áreas funcionais turísticas poderiam ser classificadas da seguinte forma:

- local de reuniões;
- local de orientação;
- zonas de conforto;
- locais de descanso ou refúgio;
- espaços de descontração;
- pontos de encontro;
- zonas de intimidade;
- zonas de autenticidade;
- zonas de distinção e contraste.

Com base nos argumentos e em todas as evidências apresentadas até aqui, presume-se que a maior parte das áreas funcionais turísticas seja capaz de cumprir múltiplas funções e, consequentemente, constituir híbridos dos tipos listados acima.

UMA TIPOLOGIA DOS VISITANTES DE ÁREAS FUNCIONAIS TURÍSTICAS URBANAS

Um resultado extra dos estudos de áreas funcionais turísticas conduzidos na Austrália foi o surgimento de definições quanto aos tipos de visitantes. Tal classificação se baseia na forma que cada visitante vivenciava a área funcional turística em que estava. Os tipos apresentados abaixo foram originalmente delineados no estudo original, feito em The Rocks (Hayllar e Griffin, 2005), e ratificados pelos estudos seguintes.

Foram identificados três tipos básicos de visitantes.

- *Exploradores:* são aqueles que desejam ir além da fachada de uma área funcional turística, buscando investigá-la à sua própria maneira e descobrir todas as suas complexidades e qualidades. Eles procuram uma descoberta inesperada ou um encontro casual. A visita em si não é planejada de forma rigorosa, com passeios sem um objetivo específico, mas repletos de expectativas. Para um explorador, a área funcional turística tem de possuir uma variedade de texturas, não podendo ser muito simples ou óbvia. É necessário que ela permita que o visitante "se perca" em sua estrutura; no entanto, o turista não pode ficar com a sensação de que está se expondo a riscos consideráveis ao agir assim. O explorador tem grande interesse em descobrir o que há depois de cada esquina, mas, para satisfazê-lo, a área deve estar apta a recompensar o processo de exploração à medida que o visitante desvela seus segredos.

– *Navegadores* (**Figura 3.6**)*:* também perambulam pela área funcional turística, só que se contentam em se ater aos limites da região principal do local, seguindo as rotas turísticas mais consolidadas. Em uma comparação com o explorador, a relação com a área se dá em um âmbito mais superficial, com foco primário nos encantos mais evidentes que ela tem a oferecer.

Figura 3.6 — Atendendo ao turista "Navegador" em Williamstown, Melbourne

– *Experimentadores:* visitam as áreas funcionais turísticas encarando-as como mais uma parada em seu programa de visitação pela cidade. Geralmente vão direto conhecer uma atração específica ao invés de vivenciar a área em todas as suas nuances. O experimentador também pode usar a área funcional turística como um local de descanso ou refúgio, mas não vai sair dos limites do local que escolheu para descansar – uma cafeteria, por exemplo.

Embora sejam esses os três tipos básicos de turistas, individualmente falando eles podem variar na forma como vivenciam diferentes áreas funcionais turísticas, por conta das preferências pessoais e das circunstâncias que influenciam a visita. Ou seja, pessoas diferentes podem, ao mesmo tempo, vivenciar uma área funcional turística de formas completamente distintas. Também um determinado turista pode ser um experimentador em algumas viagens (talvez por pouca disponibilidade de tempo ou porque a área não conseguiu estimular sua curiosidade) e um explorador em outras.

A postura de experimentador, navegador ou explorador pode estar associada ao conhecimento e experiência prévios que o visitante tem em relação à área. Sendo assim, estes locais devem estar preparados para oferecer oportunidades que remontem a diferentes "níveis" de experiência. Em se tratando do explorador, o segredo é a intensidade da experiência, o prospecto de episódios memoráveis que se estendam para além do lugar-comum. No caso do navegador, é preciso oferecer um ambiente visualmente estimulante, além de rotas bem definidas. Para o experimentador, a questão é proporcionar uma série de atividades específicas, incluindo atrações e lugares para relaxar que vão dar a ele o que fazer e, dessa forma, instigar um interesse em visitar com mais calma e, quem sabe, um futuro desejo de retornar para experimentar alguma outra coisa.

CONCLUSÃO

Este capítulo avaliou e examinou os diferentes tipos de lugares em uma cidade que podem se tornar – seja por evolução natural ou por intervenção direta – áreas funcionais turísticas. Tradicionalmente, tais lugares são classificados e descritos de acordo com certas características superficiais. O que se pôs em pauta quanto a esse procedimento é que, embora ele nos permita reconhecer os tipos gerais de lugares que serão visitados por turistas em uma cidade, não revela muito em termos do que atrai os turistas e lhes garante uma experiência gratificante. Possuir inúmeras construções históricas, ou então a iconografia de uma comunidade étnica específica, por si só não é o bastante. Embora haja vários exemplos de lugares do tipo que estão virando áreas funcionais turísticas em suas cidades, há um número ainda maior de exemplos que se referem a lugares que não atingiram esse *status*. Por esse motivo, simplesmente possuir tais características não é garantia de que dado local vá se tornar uma área funcional turística. Consequentemente, este capítulo teve como foco discutir a faixa de funções que as áreas funcionais turísticas podem desempenhar do ponto de vista do viajante.

Nesse sentido, três conjuntos básicos de funções foram identificados: facilitadoras, de estabelecimento de vínculos e de estado de espírito. Como parte dessas categorias mais abrangentes, temos funções específicas que as áreas turísticas podem desempenhar, como:

– oferecer lugares para os turistas se encontrarem, se orientarem geograficamente e começarem a explorar a cidade;
– oferecer lugares que auxiliem o turista a compactar sua experiência na cidade e economizar tempo e dinheiro;
– oferecer descanso ou abrigo da vida cotidiana do lugar que está sendo visitado;
– colocar o visitante em um estado de espírito que reflita seus desejos como turista (o lazer) em um ambiente (a cidade) que não costuma ser associado ao turismo;
– permitir que o turista se aproxime dos moradores da cidade em ambientes nos quais as demandas e estados de espírito de ambos sejam compatíveis;

- permitir que o turista desenvolva um melhor entendimento a respeito da cidade, seu povo e sua história;
- oferecer oportunidades de interação social, com outros turistas, com os residentes e com aspectos da vida local;
- permitir que o turista experimente a identidade do local de forma mais marcante do que aquela garantida pelo centro da cidade e seu formato "internacional", e;
- oferecer um ambiente que garanta ao turista liberdade para perambular e explorar.

Essa lista de funções está longe de ser completa, e é preciso conduzir mais pesquisas em mais áreas funcionais turísticas, tanto para confirmar a legitimidade e importância dessas funções quanto para descobrir outras que podem ser desempenhadas pelas áreas turísticas. É preciso também pesquisar para oferecer um melhor entendimento dos atributos e qualidades das áreas funcionais turísticas que fazem com que elas consigam desempenhar cada uma dessas funções de forma eficiente.

CONSTRUINDO EXEMPLOS BRASILEIROS

Considerando áreas funcionais turísticas no Brasil, ou áreas que podem evoluir para essa condição, considere:

- o bairro carioca de Santa Teresa;
- a região central de Curitiba;
- os arredores do Dragão do Mar, em Fortaleza;
- a Casa de Cultura Mario Quintana, em Porto Alegre.

a. Os exemplos acima podem ser considerados áreas funcionais turísticas? Por quê?

b. Que diferença existe entre as experiências oferecidas a turistas e a moradores nestes locais?

c. Selecione uma área funcional turística brasileira, e caracterize-a em relação à tipologia de lugares e à de visitantes.

CAPÍTULO 4
Áreas funcionais turísticas urbanas: um panorama dos principais temas e questões

Deborah Edwards, Tony Griffin e Bruce Hayllar

INTRODUÇÃO

Entender como questões geográficas, políticas, econômicas, comportamentais e socioculturais se manifestam no ambiente urbano e influenciam as esferas do consumo, experiência, comportamento e *design* é algo crucial. São questões complexas e que não podem ser interpretadas em completo isolamento umas das outras. Elas estão ligadas de forma inextricável por elementos como: contexto, visitação, representações, relações sociais, desenvolvimento espacial, fluxo de informações, mercado imobiliário, transações financeiras, diferentes níveis de governança e questões inerentes a cada localidade específica. Decifrar o ambiente urbano e a forma como o turismo acontece dentro dele requer uma estrutura que ajude a organizar a linha de raciocínio que se aplica às áreas turísticas urbanas e que promova um maior entendimento delas. Uma estrutura que seja capaz de atingir tais metas seria extremamente útil para pesquisadores, educadores, políticos e possíveis patrocinadores de pesquisas futuras.

É até possível estudar os elementos individuais das áreas funcionais turísticas urbanas e as implicações de cada um individualmente, mas cada elemento é, na verdade, parte de um sistema dinâmico de turismo urbano.

A **Figura 4.1** foi adaptada de Edward et al. (2007, p. 22). Essa estrutura conceitual apresenta as questões-chaves que podem – ou devem – ser abordadas na análise de áreas funcionais turísticas urbanas. Esse sistema compreende sete áreas mais abrangentes: o contexto do destino turístico urbano; estrutura e forma da área funcional turística; relacionamento com a cidade; experiência e conduta do turista com relação à área; impactos ambientais, socioculturais e econômicos; conflitos e política; e boas práticas. Cada *box* encerra um conjunto básico de questões relacionadas às áreas turísticas, e as flechas indicam as relações multidirecionais que existem entre elas. Cada um desses elementos é melhor explicado a seguir.

Figura 4.1 — Áreas funcionais turísticas urbanas: uma estrutura conceitual

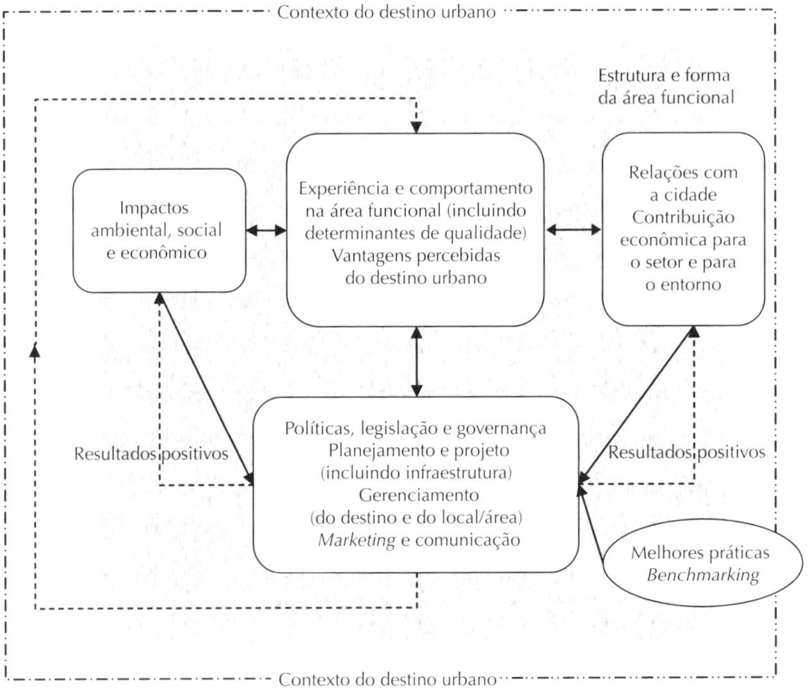

[Diagrama: Contexto do destino urbano englobando — Estrutura e forma da área funcional; Impactos ambiental, social e econômico; Experiência e comportamento na área funcional (incluindo determinantes de qualidade) / Vantagens percebidas do destino urbano; Relações com a cidade / Contribuição econômica para o setor e para o entorno; Políticas, legislação e governança / Planejamento e projeto (incluindo infraestrutura) / Gerenciamento (do destino e do local/área) / *Marketing* e comunicação; Resultados positivos; Melhores práticas / *Benchmarking*]

ESTRUTURA CONCEITUAL

Contexto do destino turístico urbano

O principal conjunto de questões dentro desta estrutura está incorporado ao contexto da cidade como destino turístico. Em qualquer destino dessa natureza, o "ambiente" físico, social e ambiental estabelece o contexto para a experiência, e ela própria faz parte desse contexto. Em outras palavras, nossa experiência molda e é moldada pelo ambiente/contexto. Stevenson (2003) consegue captar a fluidez do ambiente quando assinala que sinais, imagens, superfícies, movimentos e momentos transitórios constituem o meio que escora toda a experiência do visitante, onde as possibilidades de mudança e renovação são infinitas e sempre permanecem em aberto.

Ao se observar uma cidade em momentos diferentes, é possível vê-la agitada, quieta, festiva, sombria, séria ou descontraída. A atividade intrínseca da cidade influencia o consumo que toma forma nas áreas funcionais turísticas urbanas. As questões que circundam o contexto do destino turístico urbano serão investigadas no capítulo 5, por Kelly, que afirma que "não importa o que aconteça, tem de acontecer em algum lugar". Kelly discute as características das áreas turísticas urbanas que fazem delas pontos singulares dentro das cidades.

Estrutura e forma das áreas funcionais turísticas

Acima do contexto da cidade está a estrutura e a forma da área funcional turística. Ainda que algumas dessas áreas estejam bem demarcadas por conta do seu desenvolvimento ou de sinais culturais específicos, muitas "cidades se dividem em áreas turísticas geograficamente discretas, que raramente estão em conformidade com as fronteiras políticas ou administrativamente impostas" (Stevenson, 2003, p. 73).

Já que os espaços urbanos são lugares nos quais as pessoas gostam de andar – independente de ter um objetivo ou não –, é a forma física (definida por coisas como prédios individuais, fachadas e arquitetura) que determina, dentro da área funcional turística, os indicadores que auxiliam o visitante a situar sua experiência. Disposta sobre essa estrutura física, uma área turística é capaz de desempenhar funções bem definidas que atendem às demandas pessoais e físicas dos visitantes.

As áreas turísticas vêm cada vez mais sendo estruturadas como centros de recreação e turismo, lugares de consumo e competição econômica para estimular a visitação e promover melhoras nas condições econômicas. A maioria dessas áreas funcionais turísticas quer ser reconhecida como lugares para onde "se deve ir". Estratégias de revitalização são formuladas para que o lazer, o divertimento, o espetáculo e o prazer possam ser produzidos, embalados, divulgados e consumidos (Stevenson, 2003). As motivações para se embarcar em atividades de revitalização urbana são variadas. Elas podem fazer parte de um programa do governo visando à reestruturação econômica ou cultural do local; podem ser um meio para se atrair investimento e atividades turísticas; ou podem ser uma forma de se dar início a aprimoramentos ambientais e de infraestrutura (Smith, 2006). Um ponto bastante importante dessas motivações é a crença de que essa revitalização vai ter um efeito cumulativo, funcionando como um catalisador para novas atividades comerciais e para o desenvolvimento de outras iniciativas que busquem revigorar espaços urbanos até então sem nenhum movimento.

Em um contexto ideal, os atributos descritos acima deveriam se unir de forma a demarcar cada área funcional turística como sendo única. No entanto, é frequente acontecer de essas áreas serem replicadas – isso resulta em uma espécie de "uniformidade evolutiva", um quadro que torna difícil, para um visitante, diferenciar uma área turística da outra. Alega-se que cidades como Hong Kong, Singapura, Kuala Lumpur e outras competem para ver quem constrói mais edifícios monumentais na forma de hotéis internacionais, *shoppings* e complexos de entretenimento, e isso está provocando uma série de debates acerca dos problemas da homogeneização e da reprodução em série da cultura em destinos turísticos diferentes (Relph, 1976; Augé, 1995; Equipe do Programa das Nações Unidas para os Assentamentos Humanos (CB), 2004; Richards e Wilson, 2006; Smith, 2006; Piggin, 2007).

Ironicamente, conforme observado por Richards e Wilson (2006, p. 10), "até as estratégias adotadas pelas cidades para evitar essa reprodução em massa e poder criar uma imagem 'distinta' estão em rota de convergência". Krolikowski e Brown abordam essas questões no capítulo 6 com uma discussão acerca das características espaciais e funcionais das áreas turísticas, tendo como referência os contrastes entre as áreas que têm desenvolvimento voltado para o uso misto do território e aquelas que refletem um programa voltado para temas específicos e a aglomeração de atrações. Nesse caso, os especialistas dizem que há uma relação entre forma e estrutura das áreas funcionais turísticas: diferentes ambientes encorajam diferentes formas de comportamento, e "as propriedades espaciais das áreas funcionais turísticas urbanas constituem um estágio que pode contar com *performances* turísticas particulares" (Richards e Wilson, 2006, p. 1210)

EXPERIÊNCIA E COMPORTAMENTO EM ÁREAS FUNCIONAIS TURÍSTICAS URBANAS

A experiência e o comportamento fazem parte de um conjunto de questões necessárias para o desenvolvimento de uma melhor compreensão acerca do visitante urbano. Tal conjunto é crucial para se entender os impactos resultantes da influência desse visitante, e como os elementos fundamentais da indústria podem atender às demandas dos turistas e corresponder a suas expectativas. A experiência e o comportamento estão ligados à estrutura e à forma.

As áreas funcionais turísticas urbanas são espaços multifacetados. O conceito do urbano é simultaneamente real e virtual, visto que engloba locais e espaços onde pessoas, à medida que se locomovem, aparecem dentro e fora de estruturas – tal processo de locomoção cria uma relação complexa entre as experiências, as atividades e a interpretação.

De acordo com Raban (1974), não existe realidade fora da experiência pessoal, e as experiências que cada pessoa procura para si são exclusivamente delas mesmas. A análise de Raban nos faz lembrar que o espaço urbano é sempre personalizado e imbuído com significados pessoais, que, segundo Holmes (2001, p. 15) "são produzidos de momento em momento no tempo". Balshaw e Kennedy (2000, p. 3) reconhecem esse processo de personalização, argumentando que a intepretação do espaço urbano vem "quase sempre como algo secundário à criação do espaço social; a 'leitura' vem depois da produção em todos os casos, exceto naqueles em que o espaço é criado especialmente para ser lido".

RELAÇÕES DENTRO DA CIDADE

Questões de experiência e de comportamento estão ligadas a considerações econômicas e espaciais do setor através dos aspectos de oferta dos produtos e dos benefícios auferidos do turismo. No capítulo 5, Kelly argumenta que as áreas funcionais turísticas podem ser analisadas como sendo complexos industriais, seus componentes sendo os turistas, os hotéis, o comércio, as lojas e museus. No mesmo capítulo, ele ressalta as relações espaciais que ocorrem entre esses componentes e o ambiente externo.

Considerações mais modernas, que retratam as áreas funcionais turísticas como lugares para os visitantes, em vez de espaços estáticos, levaram à reconfiguração das estruturas espaciais mais centradas em informação, lazer, recreação e turismo (Thorns, 2002). A subida da economia de experiência que está mudando a cara da paisagem urbana, fazendo com que ela passe a enfatizar a descontração, acessibilidade, interação e entretenimento. Tais mudanças são postas em destaque pela realização de festivais e atividades em espaços abertos; pela disseminação da cultura dos cafés; e pela arte pública que preenche os espaços deixados nos ambientes construídos e nos museus, arte que se tornou algo passível de ser *tocado*, em contraste à antiga política de não se poder tocar nas coisas.

Por esse ângulo, o turismo tem um papel influente na formação das características espaciais das cidades: ele fez com que as áreas funcionais turísticas fossem desenvolvidas para atender às demandas dos visitantes. Consequentemente, ao examinar a contribuição econômica das áreas turísticas, Ritchie afirma que:

> ficou difícil separar o componente turístico (ou mesmo componentes específicos de turismo cultural ou de entretenimento) do componente local, justamente por conta desse aspecto multiuso do Distrito de Negócios Turísticos, ou área turística (capítulo 7).

No entanto, o problema da reprodução continua presente. O uso cada vez maior de características arquitetônicas singulares e de arte pública na paisagem urbana foi algo tão bem-sucedido que provocou uma reprodução desenfreada da estratégia. Como observam Richards e Wilson (2006, p. 1.210), "há uma lista de espera contendo 60 cidades que esperam por um *kit* Guggenheim; talvez um nome como 'McGuggenheim' fosse algo mais apropriado para essa rede de museus". O estilo das construções pode até variar, mas a estratégia continua a mesma: fabricantes mundiais que influenciam o gosto das pessoas e controlam o acesso delas às coisas. Ou será que se trata apenas de medo de que todo esse desenvolvimento esteja fora de nosso controle, tendo ultrapassado toda a possibilidade de intervenção que a sociedade ou o estado seriam capazes de tomar? Para Ritchie, está claro que, embora haja um bom número de possíveis benefícios econômicos associados ao desenvolvimento de áreas funcionais turísticas, as cidades precisam ter em mente que, nessa busca por identidade e igualdade duradoura no tratamento de sua marca, elas não podem simplesmente imitar as estratégias de outras.

O que essas perspectivas sugerem é que, na hora de se criar uma área funcional turística, devemos enfatizar o particular – o local e o cultural acima do onipresente e global. As áreas funcionais turísticas urbanas precisam apresentar algo de diferente para atrair turistas, mas, também, dispor de níveis de familiaridade, conforto e segurança.

IMPACTOS

Os turistas podem ser vistos como uma "população temporária" que usa as cidades como via de acesso para outros lugares ou como um lar transitório. O resultado disso é a oscilação no tamanho da população do lugar, que aumenta e diminui conforme as ondas de turistas vêm e vão.

Durante sua estada, os turistas interagem com o destino turístico em que se encontram, e é dessa interação que surgem os impactos. Levar tais impactos em consideração, no caso da área turística, é um fenômeno relativamente recente. Já existiam modelos que tentavam explicar e determinar quais poderiam ser esses impactos. Dois dos primeiros foram Doxey (1975), que explicou as interações e relações anfitrião-hóspede; e Smith, (1978), que analisou os tipos de ondas de turistas e apresentou um modelo de sete estágios para promover um melhor entendimento dos impactos às comunidades.

No entanto, hoje é possível dizer que tais modelos são simplistas demais, como fizeram Edwards et al. (2007, p. vii) ao afirmarem que há:

> relações de cunho mais dialético sendo firmadas entre anfitriões e hóspedes, e a questão que as permeia é se os centros urbanos, originalmente projetados para acomodar moradores permanentes e concentrações de atividade física e econômica, de fato enfrentam seu próprio conjunto de consequências.

Esse impacto pode ser observado de diferentes formas por diferentes pessoas, e as comunidades anfitriãs estão geralmente preparadas para lidar com esses inconvenientes e distúrbios temporários, tendo em vista os benefícios que provavelmente advirão (Edwards et al., 2007).

Trata-se de questões complexas, já que os efeitos da visitação afetam tanto o turista quanto o anfitrião ao influenciar vários setores, tais como: as percepções, o comportamento e os padrões adotados pelo visitante; os sistemas de valores individuais e coletivos presentes em uma comunidade; e a estrutura, o estilo de vida e a qualidade dessa comunidade (Edwards et al., 2007). Com efeito, o que acontece é um aprendizado social por meio da experiência. Maitland e Newman (2008) concluem que as experiências do turista e do anfitrião com relação ao local se sobrepõem de forma bastante evidente, e que as oportunidades de interação social entre eles deveriam ser celebradas e reconhecidas.

A globalização gerou um aumento nos números de famílias com alta renda, e a organização econômica em transformação dos turistas se espalhou para diferentes espaços urbanos (Thorns, 2002; Blum, 2003). Simultaneamente, a atividade econômica nas áreas urbanas mudou, deixando de ser centrada na fabricação de mercadorias que exigem trabalho intenso e passando a focar a prestação de serviços ao consumidor, com ênfase em entretenimento, recreação e turismo. As atividades econômicas urbanas agora respondem por 55% do PIB em todos os países – número esse que sobe para 85% quando se considera apenas os países mais ricos (Equipe do Programa das Nações Unidas para os Assentamentos Humanos (CB), 2007). Como assinala Thorns (2002, p. 144), "com enfoque na venda da satisfação, o turismo é tido como um dos grandes exemplos do consumismo moderno". Atividades de turismo e consumo são elementos importantes na promoção e divulgação de todas as grandes cidades. É apropriado então que Ritchie investigue a influência do turismo sobre a forma de desenvolvimento econômico das áreas turísticas. Ele demonstra como a espiral de desenvolvimento urbano dentro das áreas funcionais turísticas costuma ser estimulada por projetos de grande importância e estratégias de revitalização.

GOVERNANÇA, POLÍTICA E DIRETRIZES

Essa estrutura conceitual evidencia a necessidade de se reconhecer que um dos propósitos de se conduzir uma pesquisa é providenciar orientação apropriada para o governo dessas áreas funcionais turísticas e de seus bens específicos. Essa governança – as diretrizes, o planejamento, o *design*, a gestão, o *marketing* e as atividades de comunicação – deve ter como objetivo atingir resultados positivos em relação a: melhorar as experiências dos visitantes; reduzir os impactos negativos e aumentar os benefícios líquidos destinados à comunidade; e aprimorar o funcionamento geral do setor interdependente que há no ambiente urbano. Por isso, ainda que as recomendações voltadas à melhoria da governança de áreas turísticas urbanas precisem ser fundamentadas em um entendimento básico do comportamento e das experiências do visitante, bem como de seus impactos e vínculos com outros setores, precisam também dar retorno e influenciar esses elementos de uma maneira positiva.

Essencialmente, tais práticas deveriam ser concebidas como se gravitassem em torno da manutenção a longo prazo e do funcionamento eficiente dos bens em que as áreas turísticas urbanas se localizam. Um problema prático que surge ao se tentar atingir metas tão amplas é que sempre há uma grande variedade de interessados envolvidos – e vários deles têm pensamentos diferentes acerca dos resultados mais interessantes advindos do processo de governança. Como resultado da confiança nos sinais do mercado, nas atividades promocionais e nas novas formas de se começar uma parceria, ganharam força as discussões sobre a natureza do desenvolvimento urbano. Tais decisões incluem trocas e o favorecimento das sugestões de determinados grupos sobre as de todos os outros.

Os conflitos entre interessados e a resolução de natureza política desses conflitos são aspectos inevitáveis da governança. Searle investiga tais questões, deixando claro que o desenvolvimento e a gestão de áreas funcionais turísticas urbanas levam a conjuntos diferentes de consequências para os vários *stakeholders*, com alguns sendo mais iguais que outros. Ao considerar uma série de exemplos internacionais, Searle identifica e discute problemas ligados à necessidade de se lidar com interesses conflitantes dos *stakeholders*, e indica como tais problemas foram resolvidos. Ele argumenta que "os resultados do desenvolvimento podem ser entendidos como o produto da interação entre os *stakeholders*, na qual um diferencial no acesso à informação ou ao poder de decisão é algo crucial". Searle nos força a repensar o constante debate em torno do processo de planejamento de áreas turísticas. Em outras palavras: será que a elaboração de áreas funcionais turísticas devia ser um processo "de cima para baixo", no qual alguns grupos da sociedade decidem o que é bom para os outros, ou um processo "de baixo para cima", onde o planejamento ocorre com a participação da comunidade?

CAPÍTULO 5
Áreas funcionais turísticas dentro da forma urbana: relações com a cidade

Ian Kelly

INTRODUÇÃO

Os geógrafos justificam a universalidade de seus campos de investigação reforçando que "não importa o que aconteça, tem de acontecer *em algum lugar*". Ou seja, todo o evento (ou ocorrência) apresenta atributos locais que podem ser analisados a fim de se compreender o que aconteceu e se buscar padrões de previsibilidade. No entanto, os mesmos geógrafos reconhecem a existência de fatores não espaciais, e geralmente são cuidadosos o bastante para não cair nas armadilhas do determinismo espacial, que tenta explicar um evento como sendo unicamente fruto de sua localização.

Sendo assim, é preciso enfatizar que, apesar do seu enfoque, este capítulo não trabalha exclusivamente com análises espaciais, e procura servir de colaboração de conteúdo a um coletivo que demonstra a multidisciplinaridade de abordagens que podem ser usadas para examinar as áreas funcionais turísticas urbanas.

O objetivo deste capítulo é contribuir com nosso entendimento acerca do turismo urbano propondo uma análise de elementos espaciais que pertencem às áreas funcionais turísticas:

- as características que distinguem essas áreas;
- seus processos de evolução;
- sua localização e distribuição;
- fluxos internos e interações;

- ligações externas;
- impactos;
- variações;
- perspectivas.

CARACTERÍSTICAS DAS ÁREAS FUNCIONAIS TURÍSTICAS URBANAS

A identificação de um espaço físico como uma área funcional turística pode ser encarada como uma aplicação do processo de regionalização, um mecanismo usado por geógrafos para agrupar e classificar localidades únicas com base em suas semelhanças em termos de alguns atributos pré-definidos e sua proximidade em relação às outras (Kelly e Nankervis, 2001).

Os autores deste livro descreveram o que seria uma área funcional turística urbana:

> Uma área geográfica diferenciada, contida em uma área urbana mais ampla, caracterizada pela aglomeração de ocorrências de uso territorial, atividades e visitação relacionadas ao turismo que ocorrem dentro de fronteiras facilmente definíveis.

Essa é uma definição que, feitas concessões para acomodar as diferenças de dimensão, pode ser aplicada a uma região. Além disso, ela faz referências claras a elementos de natureza espacial: área, aglomeração, uso territorial, visitação e fronteiras.

As atuais áreas funcionais turísticas urbanas englobam lugares que se desenvolveram ou foram especialmente construídos para o turismo, incluindo bairros específicos, *waterfronts* revitalizados, parques industriais, comunidades étnicas, complexos de entretenimento, marinas, *resorts* de praia e espaços ao redor de locais de grande atividade cultural ou de peregrinação. Tal diversidade dificulta nossa capacidade de generalização. É claro que, ainda que tais áreas possam ser frequentadas por moradores da cidade, um elemento decisivo aqui é a presença em massa de visitantes vindos de outros lugares, como turistas e viajantes.

Um segundo elemento em comum é a aglomeração. Além da aglomeração de visitantes, uma área funcional turística pode ser identificada como "uma concentração, em um espaço, de pelo menos um elemento do produto turístico e um ou mais elementos de produtos de apoio" (Jansen-Verbeke e van de Wiel, 1995, p. 140). Os autores registram que "a proximidade espacial facilita o uso combinado, e por isso intensifica o espectro de oportunidades em determinado lugar". Ashworth e Dietvorst (1995, p. 14) se referem ao produto turístico do lugar como sendo um "pacote vinculado ao local" de atrações e instalações funcionalmente interligadas e espacialmente aglomeradas, que normalmente apresentam um alto grau de fragmentação em termos de posse dos negócios, e que são usadas por moradores e por turistas.

Os *clusters* de turismo urbano, assim como as áreas de comércio turístico descritas por Getz et al. (1994), podem ser identificadas visualmente e geralmente concentram estabelecimentos de varejo e prestação de serviços voltados ao turista, tais como: bares e restaurantes; lojas de suvenires, presentes, livros, roupas de férias, artesanato e doces típicos. Algumas das áreas turísticas podem ser tidas como especializadas, principalmente as que se baseiam em atrações culturais ou históricas. Adelaide, no sul da Austrália, tem uma área turística estudantil e educacional que fica junto ao centro financeiro da cidade. Ela contém três *campi* universitários, jardins botânicos, galerias de arte, uma grande biblioteca, o Museu do Estado, um museu de migração e um centro aborígene.

Além de possuir uma boa oferta de atributos, é necessário que haja serviços de apoio em abundância, como centro de informações ao turista, banheiros públicos e locais para descanso. Um bom exemplo é a Pacific Fair, que fica próxima a um grande número de pousadas da Gold Coast, na Austrália, e constitui uma área funcional turística formada principalmente por lojinhas e restaurantes, cercada por muros e com poucos pontos de acesso.

As áreas turísticas diferem na forma como incorporam espaços públicos abertos como caminhos para pedestres, parques, praças e áreas de visualização pública. Griffin et al. (2006) analisaram a experiência turística na Federation Square, em Melbourne, um local especialmente construído para o turismo que é formado por cafeterias, restaurantes, bares, uma galeria e um centro de informações, tudo isso reunido em torno de uma enorme praça pública onde se costumam realizar eventos.

Espaços abertos que dão aos visitantes a chance de se reunir também são uma característica de áreas funcionais turísticas que cresceram em torno de atividades culturais ou religiosas. Por exemplo, a Praça de São Pedro (Piazza di San Pietro), em Roma, foi construída no século XVII para servir de ponto de congregação aos milhares de peregrinos que vinham ao Vaticano. O comércio na praça é altamente controlado, mas há um departamento de turismo onde é possível agendar visitas guiadas à Cidade do Vaticano, e também inúmeras lojas na região adjacente. Outro exemplo é a cidade de Praga, com os turistas se reunindo da Praça da Cidade Velha, ladeada pela antiga prefeitura e pelo relógio astronômico, e que, segundo descrição de Simpson (1999), é "imbuída de significados culturais, políticos e sociais". O comércio de produtos acontece por meio de barracas, o que empresta ao lugar um ar de mercado a céu aberto.

PROCESSOS EVOLUTIVOS

Embora tenha implicações espaciais, a evolução é um processo mais associado ao tempo do que ao espaço, e fica claro – conforme visto nos exemplos usados anteriormente – que as áreas turísticas urbanas são entidades de natureza espacial que surgiram como resultado de diversos processos que ocorreram ao longo do tempo. Ashworth e Dietvorst (1995, p. 2) fazem referência à importância do espaço e do tempo em um processo de transformação, "definido como a mudança da forma, aparência, qualidade ou natureza de alguma coisa".

Figura 5.1 — O memorial John Huss na praça da cidade velha em Praga — espaço público aberto muito popular entre turistas

Pode-se considerar que alguns espaços turísticos adquiriram visibilidade de forma incidental, visto que foram projetados originalmente como pontos de veneração religiosa ou de celebração cultural, e situados em locais escolhidos a dedo por líderes políticos e religiosos para maximizar o impacto visual ou espiritual. Projetos mais recentes apresentam uma orientação turística, planejados para oferecer ao visitante uma experiência gratificante. No entanto, é provável que em todos os casos tenha havido envolvimento político, sendo possível analisá-los na perspectiva da geografia política, que leva em consideração os fatores espaciais que influenciam as decisões de natureza política, bem como os resultados espaciais que advêm delas.

A abordagem que envolve a criação de uma atração central, tão aparente nas áreas turísticas mais antigas, foi mantida nos projetos mais recentes, que costumeiramente elegem para esse papel um centro de convenções, um cassino, um museu, uma arena esportiva ou uma galeria de arte. Isso pode ser visto como uma adaptação da estratégia de polo de crescimento (Boudeville, 1966), por meio da qual os avanços comerciais são integrados em torno de um "líder", capaz de gerar excedentes e efeitos multiplicadores de negócios que atingem toda a área.

Dentre as transformações espaciais mais visíveis estão os inúmeros projetos de revitalização urbana, um reflexo de decisões políticas que visam a responder o processo de desindustrialização de áreas pobres do centro das cidades e de zonas portuárias. Hall (1995) relata que a principal justificativa para esse tipo de projeto é a quantidade de benefícios econômicos associados ao turismo, além da noção de que as cidades se tornaram produtos a serem vendidos. Parte desse processo é a "repaginação" de áreas específicas da cidade, com o propósito de atrair o turismo, gerar empregos e estimular investimentos das demais áreas de serviços.

Um exemplo que ilustra bem esse processo de reformulação e repaginação é o que ocorreu com Southbank, uma antiga área industrial de Melbourne situada às margens de um rio e que passou por mudanças significativas desde 1992. Hoje ela conta com um *mix* de turismo, lazer, alimentação, comércio especializado, entretenimento e usos territoriais comerciais e residenciais – tudo ligado ao Crown Cassino, a uma grande galeria e a três teatros. Uma abordagem semelhante está sendo usada na reformulação de Docklands, que fica nas imediações de Southbank (MCVB, 2006).

Savage et al. (2004) fazem uma análise das políticas de desenvolvimento de zonas temáticas usadas em Singapura, com o objetivo de diversificar a economia do lugar e aumentar sua competitividade como um destino turístico. Os planos consideram a criação de 11 zonas temáticas que representariam "um casamento entre paisagens do velho mundo com inovações comerciais, visando a atender a clientela local e estrangeira interessada em experimentar um pouco da autêntica Singapura" (p. 213). Durante os anos 1960 e 1970, a zona fluvial do país passou por transformações que envolveram uma mudança significativa: de lojas, prédios residenciais, colônias de desabrigados e depósitos para os arranha--céus clássicos de um centro financeiro. Com a reformulação que está em voga, a região recebeu a alcunha de "Zona Noturna", ostentando iluminação ambiente, restaurantes ao ar livre, vida noturna agitada, festivais e eventos para a família.

Já a evolução dos distritos étnicos para a posição de áreas funcionais turísticas segue um processo mais orgânico, que envolve imigração, dificuldades de adaptação, preservação de alguns elementos culturais e reconhecimento de oportunidades de comércio, geralmente associadas à gastronomia. A diáspora chinesa tem sua confirmação nas inúmeras "Chinatowns" no mundo, originalmente criadas para servir de refúgio aos recém-chegados, mas que hoje em dia são celebradas, preservadas e divulgadas por seus restaurantes, festivais e oportunidades oferecidas aos turistas de conhecer melhor "o próximo". Hall (2005) se refere a isso como um processo de "mercadorização", dependente de um "diferencial na localização" que envolve conservar a visibilidade da loja, estabelecer alguma ligação com referenciais proeminentes na região e conseguir o consentimento da comunidade. Outros exemplos de "turistificação" de bairros étnicos incluem a Malay Village e a Little India, ilhas de distinção étnica em uma Singapura dominada pelos chineses (Ismail e Baum, 2006).

Há instâncias de crescimento dessas áreas funcionais turísticas que parecem sustentar as alegações do modelo geográfico de gravidade derivada, que prevê uma expansão ao longo dos canais que ligam regiões funcionais semelhantes. Por exemplo, as zonas turísticas do centro de Praga (a Praça da Cidade Velha, a Cidade Pequena e o Castelo de Praga) parecem estar se mesclando entre si, uma vez que as ruas e pontes que as interligam vêm sendo ocupadas por barracas de artesanato, artistas de rua, pintores e camelôs. Tendências semelhantes podem ser identificadas nas ligações entre o centro financeiro de Melbourne e o entorno do Rio Yarra.

LOCALIZAÇÃO E DISTRIBUIÇÃO

É interessante especular sobre o possível papel das forças de centro-periferia no que diz respeito à origem e distribuição das áreas funcionais turísticas urbanas. O modelo centro-periferia propõe a hipótese de que, ao longo da história, as demonstrações de inovação e intensidade de atividade humana foram maiores em locais onde os canais de interação espacial (e de comunicação de ideias, por extensão) convergem (Friedmann, 1973). O modelo também oferece uma explicação para a diferença no crescimento entre as cidades e no uso territorial visto nelas. O turismo é uma atividade humana na qual a interação espacial tem uma função importante, e há muitas evidências que acusam uma distribuição desigual. Será que as áreas funcionais turísticas urbanas podem ser consideradas como centros provenientes de forças que contribuem para uma intensificação da atividade turística?

Alguns dos fatores que contribuem para a localização e distribuição das áreas funcionais turísticas urbanas já foram identificados. Dentre eles estão: a presença de uma "âncora" (Page e Hall, 2003), ou polo de crescimento em torno do qual as atividades turísticas podem se reunir; a disponibilidade de terras para desenvolvimento ou redesenvolvimento urbano; e um enfoque no turismo em termos de tomada de decisões e planejamento.

Os assentamentos urbanos são tradicionalmente vistos como localidades centrais, situados onde eles podem corresponder às necessidades que a sua população tem em relação a bens e serviços (Christaller, 1933/1966). As diferenças no tamanho dos assentamentos têm a ver com a população da área atendida, sendo que alguns contam com vantagens naturais de situação, avanços na tecnologia de comunicações e transportes, e economias de escala adquiridas por meio do aumento do alcance global. Gunn (1994) reconhece o papel de parques, museus, teatros e afins como locais de entretenimento já bem consolidados; no entanto, Page e Hall (2003) e Hall (2005) argumentam que as demandas modernas do turismo reforçaram a função de centros das cidades, e contribuíram para a consolidação de novos espaços projetados para suprir esse tipo de experiência de consumo. Page e Hall (2003, p. 49) assinalam que:

> ... o turismo está integrado à cidade pós-moderna, e embora seja um elemento dominante nas localidades que promovem suas virtudes de maneira mais ativa, ele é um dos aspectos do formato de uma cidade.

Getz (1994) faz referência às dificuldades que a dispersão dos estabelecimentos de comércio turístico provoca, e enfatiza o valor da aglomeração para se criar uma massa de negócios e consumidores. Com relação à localização dessas aglomerações, as decisões são tomadas com base na previsão da demanda por produtos e serviços voltados ao turismo, na disponibilidade de terras, nos custos de desapropriação ou revitalização, na provisão de serviços de infraestrutura e na necessidade de gestão e normatização continuada quanto à questão do uso territorial. Entretanto, a maior consideração espacial é a acessibilidade da área turística para aqueles que moram na cidade a que ela pertence ou para aqueles que a estão visitando.

Em linhas gerais, as áreas funcionais turísticas cujos fatores de localização incluem proximidade ou conexão de transporte com o centro financeiro da cidade saem em vantagem na hora de atrair visitantes. Elas também parecem se beneficiar da proximidade com a água (rios, lagos e mar), que, além de garantir belas paisagens e oportunidades de recreação, permitem a utilização de meios de transporte adicionais, como balsas (**Figura 5.2**).

Figura 5.2 — A Ponte Carlos — atividade turística em uma zona de transição

Áreas funcionais turísticas suburbanas e rurais são raras (Law, 2002; Page e Hall, 2003), embora algumas (que podem ser consideradas subnúcleos) tenham crescido no entorno de parques de diversões ou rotas de acesso importantes da região, como aeroportos. A expansão das áreas metropolitanas costeiras provocou, em alguns casos, a "suburbanização" de alguns *resorts* de férias, como Bondi e Manly, em Sydney. Glenelg, uma antiga vila à beira da praia hoje localizada nos limites da zona oeste da área metropolitana de Adelaide (no sul da Austrália), tem evoluído como um complexo turístico: o lugar hoje possui um píer, um parque de diversões, lojinhas de comércio voltadas ao turismo, estabelecimentos gastronômicos e de entretenimento, hotéis e prédios residenciais, além de várias outras atrações. A expansão do uso territorial relacionado ao turismo (e a remodelação residencial) vem ocorrendo em duas direções – paralela ao litoral e em direção à cidade, avançando pelo interior. O local é bem abastecido em termos de transporte público, contando inclusive com um serviço de bondes elétricos que por si só já é uma atração turística.

FLUXOS INTERNOS E INTERAÇÕES

Se o turismo é visto como uma atividade "industrial" as áreas funcionais turísticas podem ser consideradas "complexos industriais". Segundo Law (2002, p. 193):

> ... um complexo ou cluster industrial [...] pode ser definido como um grupo de firmas geograficamente concentradas em um espaço interligadas pelo foco em uma atividade específica, e que ganham força e potencial de crescimento por meio desses vínculos.

Essa visão é apoiada por Dietvorst (1995), Page (1995) e Hall (2005), que vão mais além e sugerem que um cluster turístico pode ser visto como um sistema, uma entidade cuja complexidade pode ser diminuída com a identificação de seus componentes interdependentes, bem como das inter-relações e fatores que os afetam.

Os componentes de um complexo turístico na forma de sistema incluem entidades tangíveis, como os turistas e os locais visitados por eles (hotéis, mercados, lojas e museus, por exemplo). Relações espaciais entre eles podem ser identificadas ao se examinar as interações entre os turistas, bem como o fluxo de visitantes e informações dentro do complexo. Há também relações entre esses elementos e o ambiente externo, conforme será discutido mais adiante.

Os elementos de locomoção do visitante, como forma de interação espacial com uma área turística, podem ser categorizados segundo um conceito proposto por Gould (1973), o de mapas mentais (as imagens usadas pelas pessoas para organizar e exprimir preferências quanto a suas rotinas espaciais). Dentre as categorias, temos: portais (entradas e saídas); nós (os locais visitados); caminhos, ou corredores de circulação (os canais por meio dos quais ocorre a locomoção); distritos (subdivisões); limites (elementos que separam subdivisões); e pontos de referência (locais que servem para orientar a navegação no lugar). Law (2002) enfatiza a importância das dimensões, sugerindo que os complexos turísticos devem ser compactos e com o mínimo possível de tráfego de veículos, o que permite aos turistas andarem pelo lugar.

Uma análise da locomoção interna dos turistas pode ser usada para responder a uma série de perguntas relativas a:

- duração e extensão das visitas;
- preferências dos turistas em relação às atividades, produtos e experiências oferecidos pelo espectro de oportunidades de turismo urbano da área (Page e Hall, 2003);
- vantagens econômicas atreladas à localização dentro da área turística (por exemplo, proximidade de uma via principal de acesso, cruzamento de rodovia ou ponto principal da área);
- vantagens relacionadas a nichos de comércio (por exemplo, antiguidades, artesanato ou lojas de roupas);

- conveniência e segurança para o visitante (por exemplo, número e distribuição geográfica de banheiros públicos, obstáculos à liberdade de locomoção, áreas de vulnerabilidade pessoal);
- capacidade de carga (por exemplo, superlotação ou dispersão de turistas);
- identificação de elos fracos no sistema.

Muitas áreas funcionais turísticas são fechadas ao tráfego de veículos. Com relação à gestão do movimento de turistas nesses lugares, McManus (1998) desenvolveu o conceito de Fluxo Preferencial de Pedestres uma combinação da velocidade de caminhada com que as pessoas se sentem mais confortáveis e da distância que elas preferem manter de estranhos. Uma sensação de superlotação aparece quando tais preferências são violadas, algo que pode acontecer quando os pedestres precisam passar por caminhos que restringem a liberdade de escolha de deslocamento. A importância do direito de escolha por parte do pedestre também é reconhecida por Boerwinkel (1995), que faz uma distinção entre disposições "sucessivas" e "simultâneas". O primeiro tipo faz menção a um sistema em que as escolhas são apresentadas ao pedestre de forma progressiva à medida que eles caminham; o segundo coloca uma série de escolhas em qualquer lugar. O autor da pesquisa indica que os turistas preferem a disposição simultânea de possíveis caminhos como elemento de fortalecimento da liberdade de exploração. Isso quer dizer que os planejadores de áreas turísticas precisam ser generosos quanto à oferta de espaços abertos.

No entanto, o caráter de competitividade de uma área funcional turística em sua capacidade de atrair turistas também depende de interações internas menos nítidas, mas que contribuem para gerar a coerência (Dietvorst, 1995) e a integração (Ashworth e Dietvorst, 1995) necessárias para se atingir a sinergia. Hall (2005) nota a necessidade de se montar uma malha cooperativa de trabalho para se garantir o melhor *mix* de oferta de produtos, de eficiência na provisão dos mesmos e de atividades promocionais.

VÍNCULOS EXTERNOS

Sabe-se que não se pode adquirir entendimento acerca de um sistema apenas por meio da identificação de suas ligações internas. Por conta de sua natureza, a maioria dos sistemas é aberta, afetando e sendo afetada por sistemas maiores que existem no ambiente. Nesse sentido, uma área turística urbana opera como componente de um assentamento urbano maior, que, por sua vez, é também elemento de uma hierarquia de sistemas que às vezes se estende do âmbito local para o global. Stilwell (1992) usa uma analogia biológica para tratar do assunto, colocando a cidade como um ambiente ecológico envolvendo elementos interdependentes que refletem "especialização territorial, competição e adaptação, invasão, dominação e simbiose" (p. 141). O equilíbrio em um elemento como uma área turística não tem como não ser afetado por essas forças externas.

Conforme visto anteriormente, algumas áreas funcionais turísticas foram definidas por legislação governamental local ou nacional, e por isso elas apresentam fronteiras definidas e mapeadas. Entretanto, outras áreas do tipo evoluíram, e continuam evoluindo, apresentando fronteiras caracterizadas por zonas de transição em que há competição entre os diferentes tipos de uso territorial. O emprego do território em zonas de transição que podem contribuir para uma área turística incluem serviços de hospedagem para turistas, estacionamentos e acesso ao transporte público.

Os responsáveis pelas áreas funcionais turísticas podem criar malhas colaborativas de trabalho para promover seus interesses entre as organizações estaduais, regionais e nacionais de turismo, bem como entre os vários níveis da estrutura governamental.

É necessário também estabelecer vínculos de negócios entre os prestadores de serviços e o comércio de venda de produtos com seus fornecedores. Nesses casos, alguns vínculos podem envolver franquias multinacionais (lanchonetes de *fast-food* e cafeterias, por exemplo).

No entanto, o vínculo espacial mais óbvio entre uma área funcional turística e seu ambiente externo são as origens de seus visitantes, e o princípio também óbvio da distância servindo de obstáculo para a interação. Já foi bastante documentado o fato de que, em geral, quanto maior a distância entre dois locais, menor é a interação entre eles. Essa correlação negativa pode ser explicada pelos custos, tempo, esforço e chances de intervenção envolvidas. Por isso, é de se esperar que, em algum momento no futuro, a maioria dos turistas que visitam uma determinada área turística terá vindo de lugares próximos. No entanto, torna-se necessário distinguir entre o deslocamento a partir de um hotel das proximidades e a partir da residência do turista. A noção da distância como obstáculo para a interação ainda é aplicável, mas o sucesso da área funcional turística passa a estar atrelado ao sucesso da cidade ou região em atrair visitantes.

Essa dependência para com a cidade no que diz respeito ao apelo turístico explica parcialmente a aparente popularidade de áreas turísticas localizadas dentro das cidades, e também a importância de conexões de transporte ou de rotas pedestres com o centro financeiro da cidade e suas outras áreas turísticas. Tal dependência também pode ajudar a explicar a relativa falta de áreas funcionais turísticas nas regiões suburbanas que carecem de uma atração principal ou um ponto central de acesso ao transporte público.

IMPACTOS

Conforme já visto, o aumento no reconhecimento do turismo dentro do planejamento urbano, e do envolvimento do governo com as áreas funcionais turísticas urbanas, são um reflexo dos impactos positivos do desenvolvimento de recursos, do aumento no volume de negócios e de oportunidades de emprego, e das melhorias na infraestrutura da cidade por meio da revitalização de bairros industriais e residenciais.

Ainda assim, Stilwell (1992, p. 14) diz que "[...] preocupações acerca do espaço e do lugar coexistem desconfortavelmente com os processos modernos e dominantes de integração social e econômica em âmbito internacional". Esse ponto de vista parece ser defendido por Simpson (1999), que coloca a instituição de atributos internacionais em Praga por parte do turismo como sendo uma ameaça à expressão de identidade nacional comum à arquitetura da área central da cidade. Ela ainda acrescenta:

> O uso territorial está sofrendo transformações muito rápidas (mudando de residencial para comercial, na maior parte das vezes), a tradicional população residencial está sendo desalojada e a atmosfera geral e o estado congestionado das ruas são negativamente influenciados pelos turistas. A pesquisa então ilustra uma necessidade premente de se implementar um modelo de gestão que controle as atividades relacionadas ao turismo no centro histórico de Praga, caso não se queira que a qualidade de vida dos moradores e toda a atmosfera que foi responsável por atrair o turismo em primeiro lugar sofram uma considerável dilapidação (p. 182).

A remodelação de áreas residenciais mais antigas (e o subsequente desalojamento da população residencial existente) é um exemplo evidente de impacto espacial, assim como o aumento simultâneo na distância a ser percorrida pelos moradores a fim de que possam realizar suas compras diárias (Law, 2002).

Outros impactos que apresentam implicações espaciais incluem problemas com o aumento da atividade criminal, congestionamentos de tráfego e até de pedestres em bairros próximos às áreas turísticas, e mudanças na avaliação imobiliária e nos impostos relacionados. Com tudo isso, fica claro que as preocupações acerca da capacidade de carga das localidades não podem ser restritas às áreas funcionais que pertencem a um complexo turístico.

VARIAÇÕES

A variedade de áreas funcionais turísticas urbanas é ampla, e uma análise completa de suas variações precisa ter como base um trabalho de pesquisa de campo muito mais abrangente do que é possível nas atuais circunstâncias. No entanto, há como se fazer algumas observações preliminares fundamentadas na bibliografia da área, assim como alguns comentários de cunho pessoal.

A discussão proposta até o momento indica que há grandes variações entre as áreas turísticas no que tange à idade, evolução, propósito, localização e tipo de turismo.

Áreas mais antigas, e que se desenvolveram em torno de comunidades étnicas e atrações religiosas, culturais ou históricas apresentam grandes diferenças em aparência e impacto às áreas concebidas e implementadas como parte de projetos de revitalização urbana. A arquitetura e a configuração do primeiro tipo continuam espelhando, com o passar do tempo, as diferenças entre as cidades em sua história, cultura e sociedade, fornecendo ao turista uma experiência pautada na autenticidade. Essas áreas mais antigas são ricas em significados, e podem ser descritas como "relíquias do passado" que constituem "estruturas que se opõem à *efemeridade* das modas, produtos, valores etc." (Gospodini, 2001, p. 928) (grifo do original).

Nesses lugares, é possível perceber distinções nas formas adotadas pelas atividades empreendedoras: há os mercados de rua das cidades do leste europeu; os *souks* enclausurados do sudoeste asiático; e os coloridos bazares do leste da Ásia, tão populares com residentes e turistas. Ismail e Baum (2006) notaram que algumas áreas turísticas de Kuala Lumpur, Singapura e Melaka estão adotando medidas para preservar a atmosfera do regionalismo *kampung*.

No entanto, Simpson (1999) fala sobre a área industrial de Praga e destaca os atributos que atraíam turistas para o lugar original, enfocando a preocupação quanto à homogeneização dos espaços turísticos como forças da globalização e da internacionalização, que operam no sentido da padronização e contra a distinção do "sentido do lugar" (Gospodini, 2001).

PERSPECTIVAS

O futuro das áreas funcionais turísticas urbanas está ligado ao futuro dos assentamentos urbanos no papel de destinos turísticos, e às escolhas feitas em respeito ao uso territorial nas cidades. Avanços na tecnologia das comunicações permitem (até mesmo incentivam) a descentralização de algumas atividades comerciais, enquanto as áreas funcionais turísticas fazem coro às reconhecidas vantagens de se centralizar as atividades de negócios turísticos. De fato, o aumento no número de áreas funcionais turísticas pode seguir compensando a desindustrialização de algumas zonas funcionais das cidades.

É evidente que as áreas funcionais turísticas se beneficiam, e até dependem, da proximidade a um centro financeiro. No entanto, conforme as cidades crescem (em população e área), elas desenvolvem distritos financeiros menores ao longo de suas regiões metropolitanas, uma tendência que pode levar à consolidação de áreas funcionais turísticas adicionais nas suas redondezas.

Por outro lado, está caindo a distinção entre áreas funcionais turísticas e os enormes *shopping centers*, que estão cada vez mais equipados para atender as demandas de turistas e moradores com sua combinação de comércio, entretenimento, gastronomia e cultura, além das opções de hospedagem nas proximidades, perfeitas para viajantes de férias ou a negócios. Um exemplo desse tipo de avanço é o West Edmonton Mall, em Alberta, no Canadá: trata-se de um dos maiores complexos de compras do mundo, e conta com todas as atrações descritas acima, mais oportunidades de recreação concentradas em um parque temático e também área de convenções e eventos.

RESUMO

A **Tabela 5.1** lista os elementos que formam as áreas funcionais turísticas urbanas e as ferramentas (conceitos geográficos) usadas para identificar a operação dos fatores espaciais envolvidos na evolução, funcionamento, impactos e perspectivas dessas áreas.

Nunca é demais ressaltar que a ascensão das áreas funcionais turísticas como zonas funcionais dentro dos assentamentos urbanos é reflexo de vários fatores, inclusive alguns caracterizados como espaciais. Eles não operam isolados dos não espaciais, muito menos isolados entre si. Não possuem a mesma importância, e podem não ser conscientemente incluídos no planejamento e na gestão das áreas turísticas.

As áreas turísticas emergiram como lugar em que os viajantes podem se reunir. Elas constituem recursos que podem ser explorados para fins comerciais, por negócios que fornecem bens e serviços procurados pelos turistas. Algumas são fruto de implementação de projetos que visam à revitalização de zonas industriais e portuárias que se tornaram economicamente inviáveis. Outras cresceram em torno de lugares com potencial histórico, cultural, religioso ou recreativo que têm poder de atrair turistas, em certos casos por centenas de anos. A localização e distribuição dessas áreas turísticas pode ser parcialmente explicada por meio de conceitos como a teoria dos lugares centrais, estratégia de polo de crescimento, o modelo de gravidade, as forças centro-periferia e a interação espacial.

Tabela 5.1 — Análise espacial na avaliação de uma área funcional turística urbana

Atributos da área funcional turística	Análise espacial
Identificação da área	Processo de regionalização
Limites da área	Análise de uso territorial
Zona de transição	Escala
Evolução e crescimento da área	
Evolução	Modelo centro-periferia
Reurbanização do local	Modelo gravitacional
Clusterização / Aglomeração	Teoria dos lugares centrais
	Transformação espacial
	Interação espacial
	Fatores de lugar e situação
Interligações internas	
Coerência e integração dos negócios	Análises de sistemas
Locomoção do turista – portais, nós, caminhos, distritos, limites, pontos de referência	Interação espacial
Uso do espaço	Mapas mentais
Acessibilidade interna	
Interligações externas	
Hierárquicas	Análise de sistemas
De negócios	Modelo gravitacional
Políticas/organizacionais	Análise de redes de negócios
Local de origem do turista	Declínio com a distância
Acessibilidade	Teoria dos locais centrais
Transporte	Interação espacial
	Oportunidades intervenientes

(continua)

Impactos	
Benefícios econômicos	Análise de uso territorial
Remodelação	Capacidade de carga
Desalojamento	
Padronização	
Variações	
Idade	Análise de uso territorial
Evolução	Diferenciação de locais
Localização	Fatores de lugar e situação
Tipo	Senso de pertencimento
Perspectivas	
Desindustrialização contínua	Modelo centro-periferia
Desenvolvimento de centros-satélite	
Integração	

Há uma série de interligações internas e externas relacionadas à presença, manutenção, regulamentação e impacto das áreas turísticas em seu papel de complexos dedicados ao turismo. Em várias delas, o conforto e a comodidade dos turistas pedestres é de suma importância, e uma atenção especial é dada à tarefa de se facilitar esse tipo de locomoção, por meio da utilização de elementos do mapeamento mental. Há também mais interações extensivas (por exemplo, redes de trabalho e arranjos colaborativos) envolvendo visitantes, fornecedores e reguladores, e algumas delas ultrapassam as fronteiras locais para se estender pelo ambiente global. Tais interligações podem ser analisadas como exemplos de interação espacial, e como reflexo da interdependência de componentes em uma hierarquia de sistemas na qual a distância como obstáculo para interação e as forças de gravidade exercem influência.

Os impactos positivos associados às áreas funcionais turísticas são principalmente econômicos, mas há preocupações quanto ao desalojamento de moradores, empurrados para longe de onde moram pela superlotação dos locais, pelos processos de remodelação e pela especulação imobiliária desenfreada. Em alguns lugares, há todo um direcionamento de esforços para buscar a preservação do diferencial desses lugares, uma espécie de contramedida para frear a tendência de homogeneização que aparece na arquitetura e no *design* das áreas funcionais turísticas.

O futuro das áreas funcionais turísticas urbanas será influenciado pela desindustrialização contínua, pelo relativo declínio na força gravitacional dos centros financeiros, pelo crescimento no número de distritos financeiros instituídos nas áreas suburbanas e pelo surgimento de complexos que combinam as funções de atração central, recreação e prestação de serviços voltados ao turismo.

CONSTRUINDO EXEMPLOS BRASILEIROS

É relativamente fácil confundir as áreas funcionais turísticas com destinos turísticos de maneira geral, pois ambos possuem características similares. Entretanto, não são a mesma coisa, inicialmente porque aquelas são identificáveis em cidades médias e grandes, em que atividades para moradores e visitantes são oferecidas nos mesmos lugares.

As áreas funcionais costumam se articular próximas a atrativos maiores, como catedrais, mercados históricos ou museus. Segundo o texto de Ian Kelly, as autoridades devem necessariamente considerar aspectos espaciais para autorizar o desenvolvimento destas áreas em função das características do principal atrativo.

Ao se considerar a possibilidade da criação / desenvolvimento de uma área funcional turística, quais seriam as atividades não diretamente relacionadas ao turismo que poderiam se beneficiar?

Por outro lado, quais os problemas que podem afetar os residentes ou vizinhos de uma área que venha a se tornar uma área funcional turística?

CAPÍTULO 6
A estrutura e a forma das áreas funcionais turísticas urbanas: montando o palco para a *performance* turística

Christopher Krolikowski e Graham Brown

INTRODUÇÃO

Nosso nível de conhecimento sobre o turismo urbano foi acometido de uma "dupla negligência" (Ashworth, 1989): as pesquisas de turismo não conseguiram confirmar a forma como os viajantes reagem às variáveis ambientais nas cidades, e os pesquisadores voltados à área urbana praticamente ignoraram as questões turísticas. Consequentemente, pouco se sabe acerca da experiência turística em destinos de viagem urbanos, e como tal experiência é moldada pelas características espaciais específicas dos ambientes urbanos (Dietvorst, 1995; Jansen-Verbeke e Van de Wiel, 1995; Jansen-Verbeke, 1998; Jansen-Verbeke e Lievois, 1999). Tal constatação surpreende, visto que as áreas funcionais turísticas, que normalmente são o foco das atividades turísticas em uma cidade, são regiões propícias a serem alvo de pesquisas potencialmente reveladoras. A complexidade das experiências de turismo nas áreas funcionais turísticas urbanas pode ser vista como produto da ampla variedade de interpretações e reações dos visitantes ao conjunto de atributos físicos oferecidos em cada área.

Este capítulo vai confrontar tal complexidade, e buscar oferecer um alicerce conceitual para a análise de áreas funcionais turísticas. Uma discussão das características funcionais e espaciais das áreas será conduzida tendo como referência uma comparação entre áreas que possuem variedade de construções com um uso misto de espaço e as áreas que apresentam temas específicos e aglomeração de atrações. A noção da área turística como palco para *performances* turísticas será investigada com enfoque na relação cooperativa entre o formato espacial das áreas funcionais turísticas e a *performance* dos turistas.

DEFINIÇÃO DAS ÁREAS FUNCIONAIS TURÍSTICAS: CARACTERÍSTICAS ESPACIAIS

O termo *tourism precinct* não é totalmente compreendido, e sofre por conta da confusão em ser definido – a expressão está sujeita a múltiplas interpretações quando é utilizada. Uma consulta recente feita no centro de informações ao turista de Melbourne sobre tais áreas na cidade deixou a equipe do local consternada e resultou em pedidos para que se esclarecesse o termo. E isso mesmo mediante a disponibilidade de um folheto intitulado "Descubra as áreas turísticas de Melbourne".

Para turistas, a expressão "área turística" possivelmente remete a algo artificial que não pode ser imediatamente identificado em meio à estrutura urbana subjacente. No estudo feito sobre o bairro The Rocks, em Sydney, um turista disse: "Não é que exista uma placa indicando: 'Você está em The Rocks'. Nós simplesmente viemos parar aqui" (Hayllar e Griffin, 2005, p. 521). Uma declaração desse tipo ilustra alguns dos problemas associados com a demarcação bem definida de limites geográficos. Ela também indica a forma como os turistas funcionam quando estão em ambientes estranhos, e também a importância da existência de "placas" para ajudar na construção de um senso de orientação dentro de certas áreas turísticas.

Na literatura acadêmica, a "área turística" já foi definida e escrita diversas vezes (ver Stansfield e Rickert, 1970; Burtenshaw et al., 1991; Getz, 1993; Jansen-Verbeke e Lievois, 1999; Judd, 1999; Ashworth e Tunbridge, 2000; Hayllar e Griffin, 2005). Apesar de os vários termos usados pelos autores se referirem, em linhas gerais, a um conceito similar, cada um deles engloba um significado um tanto diferente, evocando assim qualidades espaciais distintas. Por exemplo, várias cidades turísticas com viés histórico são caracterizadas por limites externos menos definidos do que as áreas turísticas criadas mais recentemente.

Em algumas cidades históricas, alguns pontos tradicionais servem de "referência", e são mantidos por gestores do patrimônio histórico local, representantes do setor de turismo ou pelos próprios turistas (Ashworth e Tunbridge, 2000, p. 63). Sendo assim, o formato final das áreas turísticas dentro de uma cidade histórica é resultado de procedimentos de ordem política. Pode-se ilustrar isso usando Praga como exemplo. Ao contrário da maioria das cidades da Europa central, Praga saiu da II Guerra Mundial com seu patrimônio histórico praticamente intacto. No entanto, as áreas turísticas que hoje fazem parte da cidade foram um fruto do processo de "referenciamento" ocorrido ao longo dos últimos 60 anos. Na era comunista, apenas algumas partes da cidade tinham acesso liberado aos turistas. O papel de elemento controlador exercido pelo governo, determinando o sentido do fluxo de turistas no país, e suas ações que resultaram na preservação de prédios e lugares históricos, foi determinante para a natureza da atividade turística em

Praga. Após a queda do comunismo, em 1989, o crescimento do setor turístico passou a alterar o mapa da cidade (Hoffman e Musil, 1999; Simpson, 1999). Novas áreas foram sendo descobertas, revitalizadas e colocadas na posição de "referência" para servir a propósitos turísticos, o que provocou a expansão dos limites originais da cidade turística e formou novos bairros voltados à atividade da área (Hoffman e Musil, 1999, p. 184).

A confusão em se demarcar limites claros para áreas funcionais turísticas em cidades históricas também é resultado de uma sobreposição que ocorre em vários patamares da cidade, principalmente entre suas áreas histórica e comercial (Burtenshaw et al., 1991; Ashworth e Tunbridge, 2000). Tal sobreposição (representada na **Figura 6.1**) tende a aparecer mais em cidades menores, nas quais as limitações de espaço acabam por gerar vínculos mais fortes entre os vários bairros e suas funções. A configuração historicamente determinada de várias das cidades europeias gerou uma fusão entre múltiplos usos e usuários de espaço. Identificar a transição entre área funcional turística e aquela mais tradicionalmente urbana pode ser difícil, por causa das funções sobrepostas da cidade e do caráter flexível dos limites geográficos que separam os diferentes bairros urbanos.

Figura 6.1 – A localização da cidade turística (Ashworth & Tunbridge, 2000: 74)

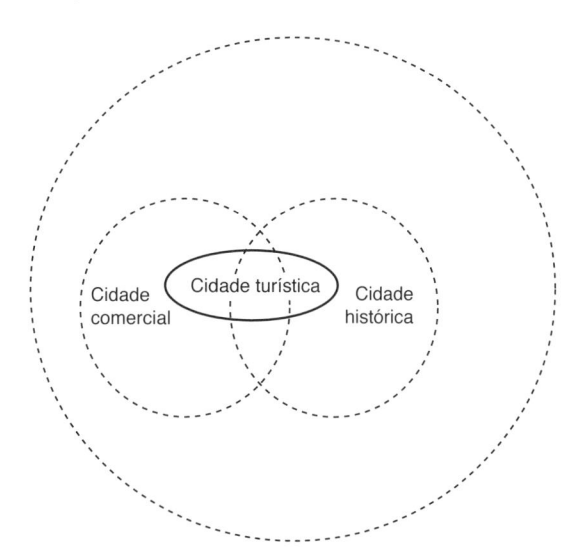

O conteúdo da **Figura 6.1** pode ser aplicado particularmente a cidades históricas de pequeno e médio porte, nas quais as áreas funcionais turísticas nasceram naturalmente, a partir da forma urbana preexistente (Ashworth e Tunbridge, 2000, p. 70). Nas cidades de grande porte, a sobreposição de funções ocorre em menor escala, e a separação física é mais acentuada. A natureza policêntrica das grandes cidades – caracterizada por uma grande dispersão espacial de atrações culturais e históricas – tem como resultado a formação de áreas turísticas distintas entre si e geograficamente distantes umas das outras (Ashworth e Tunbridge, 2000, p. 212). Em cidades como Londres e Nova Iorque, bairros artísticos famosos surgiram para, depois de certo tempo, se tornarem elementos que aparecem constantemente nos mapas turísticos da cidade. Em Paris, as áreas funcionais turísticas são bem dispersas pelo território, com interligações funcionais unindo-as em uma rede de experiências que envolve várias áreas turísticas (Pearce, 1998):

> Dentro de uma cidade histórica turística e policêntrica, cada bairro histórico e turístico não é apenas algo completamente distinto, mas pode não contribuir para a concretização de uma identidade histórica única e consistente para a cidade como um todo. No entanto, cada um deles pode ser parte de um pacote de experiências a ser montado pelo turista (Ashworth e Turnbridge, 2000, p. 213).

Já em uma área turística dedicada a um propósito específico, na qual novas construções foram erguidas como parte de uma estratégia de revitalização, a identificação dos limites geográficos pode ser feita de forma mais precisa. A distinção física dessas áreas recém-construídas geralmente funciona como uma atração turística por si só: os visitantes têm a chance de contemplar e admirar paisagens urbanas comumente acompanhadas pela água e outras atrações naturais, como parques. Law (1993, p. 131) reconhece o potencial existente na combinação terra-e-água, que pode gerar ambientes muito agradáveis aos olhos. O sucesso de projetos como os de Southbank, em Melbourne, e Brisbane é testemunho do apelo que tais justaposições exercem sobre os turistas.

Tanto as áreas turísticas com foco no patrimônio histórico quanto as construídas especialmente para o turismo apresentam, como fatores principais de "atração", alguns atributos morfológicos da localidade, tais como: o ambiente construído, a arquitetura, a forma urbana e os espaços públicos (Jansen-Verbeke e Lievois, 1999, pp. 93–94).

Alexander, em sua obra pioneira *The timeless way of building*, de 1979, oferece uma perspectiva interessante sobre a capacidade que os aspectos físicos e arquitetônicos de uma cidade têm de produzir o que ele, de forma um tanto enigmática, descreveu como sendo uma "qualidade sem nome". O autor descreve o conceito de "padrões", ou elementos espaciais que se repetem em uma cidade, fomentando o surgimento dessa "qualidade sem nome", e, como parte do processo, criando uma identidade urbana diferenciada:

> Veneza ganha vida e estrutura por conta de seus padrões. Inúmeras ilhas, de cerca de 300m de diâmetro, comportam um amontoado de casas de três a cinco andares construídas até às margens do canal; cada ilha possui um quadrado no seu centro, quadrado esse que conta com uma igreja; trilhas estreitas e irregulares cortam o território das ilhas; pontes arqueadas aparecem nos pontos em que as trilhas cruzam a água; casas invadindo os canais e as ruas; degraus na entrada dos canais (para controlar as variações no nível da água. [...] Veneza é o lugar especial que é justamente por possuir padrões de eventos congruentes com todos esses padrões espaciais (Alexander, 1979, pp. 96-97).

As áreas turísticas urbanas são definidas por seus padrões particulares de *design* arquitetônico, por sua disposição física, por suas atrações e pela configuração geral dos elementos físicos que ajudam a construir a identidade do local. As pesquisas que Maitland (2007) conduziu em Islington e North Southwark, em Londres, confirmaram a importância da arquitetura e dos elementos visuais que formam a paisagem das ruas e sua forma física serem carregados com a atmosfera particular e os atributos socioculturais da localidade, a fim de gerar uma identidade que passa a ocupar um lugar de importância na atenção dispensada pelos turistas. Griffin e Hayllar também mostraram, em suas investigações realizadas nas áreas australianas de Fremantle e Williamstown, que a maioria dos turistas visitou essas áreas não porque buscavam atrações específicas, mas porque a atmosfera desses lugares era aprazível (Griffin e Hayllar, 2006, p. 8).

Concordando com as opiniões expostas acima, Costa e Martinotti (2003), ao fazerem referência a Veneza, apontam para o fato de que a maior parte das pessoas não visita a cidade por conta de suas atrações, mas principalmente por sua "atmosfera" e o "espetáculo urbano" do qual a cidade é sede. Sendo assim, a atmosfera "incomum" de várias cidades históricas ricas em patrimônio tradicional representa por si só uma atração turística. Ao evocar épocas antigas e versões um tanto idealizadas do passado, esses lugares conseguem prender a atenção do turista e dar a ele uma chance de recordar e sonhar. Nas áreas projetadas com o intuito de atender exclusivamente ao turismo, o foco parece ser de uma natureza diferente, destinado a servir de chamariz para o consumo visual e material integrado ao local que foi elaborado para ser parte integral – e muitas vezes central – da experiência nesses lugares.

A distinção estabelecida por Urry (1990) entre o que ele chama de "olhar romântico" e "olhar coletivo" pode ser útil para categorizar as áreas funcionais turísticas orgânicas e as mais novas de acordo com o tipo de olhar que elas costumam atrair. Consequentemente, à medida que o olhar romântico implica "solidão, privacidade e uma relação pessoal, quase espiritual com o objeto do olhar" e pode envolver "nostalgia pelo patrimônio histórico resgatado do urbanismo contemporâneo" (Costa e Martinotti, 2003, p. 65), o olhar coletivo se refere ao entretenimento e diversão que se experimenta na companhia de outras pessoas (Urry, 1990, p. 45). Embora essa visão possa ser um tanto quanto simplista, o foco em entretenimento e lazer que se vê em várias das áreas funcionais turísticas mais novas ajuda a distingui-las da cidade histórica, que normalmente oferece uma experiência mais "complexa".

CARACTERÍSTICAS DAS ÁREAS TURÍSTICAS

A integração funcional das áreas turísticas, tanto em âmbito interno quanto externo, é um aspecto crucial para se determinar a dinâmica das atividades que ocorrem nessas áreas (Jansen-Verbeke e Van de Wiel, 1995). Embora as dimensões internas das áreas turísticas sejam o foco aqui, é preciso reconhecer que elas não podem ser isoladas do ambiente mais amplo das cidades, nem de suas interligações com outras áreas turísticas. Por exemplo, em Singapura, um programa do governo buscou reestruturar bairros reforçando suas identidades étnicas (Chang, 2000, p. 38). Conseguiu-se isso, em parte, fomentando-se uma maior interação funcional entre as áreas turísticas. A mudança na dinâmica do produto espacial urbano serviu para reforçar a especialização de cada uma das áreas turísticas, tornando a temática étnica de cada uma pré-requisito para que se possa vivenciar a experiência urbana de Singapura como um todo.

De forma semelhante, as 15 áreas turísticas promovidas pela prefeitura da cidade (Cidade de Melbourne, s.d.) são definidas por interligações espaciais e funcionais que, no fim das contas, afetam o funcionamento interno dessas áreas, tendo efeitos em seus espaços e formas de uso. Sendo assim, o Flinders Quarter é "o paraíso dos *designers* em Melbourne, onde você encontra roupas, móveis, artesanato, artes, comida orgânica, livrarias, bares, varas de pescar e jazz", enquanto o Yarra River Precinct é o "centro pulsante do entretenimento e lazer [...] empolgante, cheio de energia e com vistas deslumbrantes da cidade" (Cidade de Melbourne, s.d.). Consequentemente, pode-se argumentar que a interação funcional das áreas turísticas reforça, em âmbitos mais abrangentes, o desenvolvimento de identidades particulares para cada uma das áreas turísticas.

Apesar do debate corrente acerca da homogeneidade cada vez maior dos espaços turísticos, e também sobre a minguante característica de distinção das áreas urbanas (Judd, 1999; Middleton, 2000; Maitland, 2007; Richards e Wilson, 2007), a configuração interna particular de cada área turística continua mantendo sua natureza singular. A morfologia da estrutura urbana já existente ou o projeto elaborado para as áreas turísticas mais novas é que definem suas características e formas de uso peculiares. Getz (1993) discutiu a importância da integração funcional e física das áreas turísticas, e seu modelo do Distrito de Negócios Turísticos (DNT) enfatiza o papel da integração espacial e funcional em se tratando da atração principal do lugar, das funções relativas ao centro financeiro da cidade e dos serviços essenciais (Getz, 1993, p. 597). A questão da acessibilidade ao DNT – tanto o acesso a ele quanto dentro dele – também tem *status* de elemento crucial ao facilitar a mobilidade dos turistas (**Figura 6.2**).

Figura 6.2 — O Distrito de Negócios Turísticos

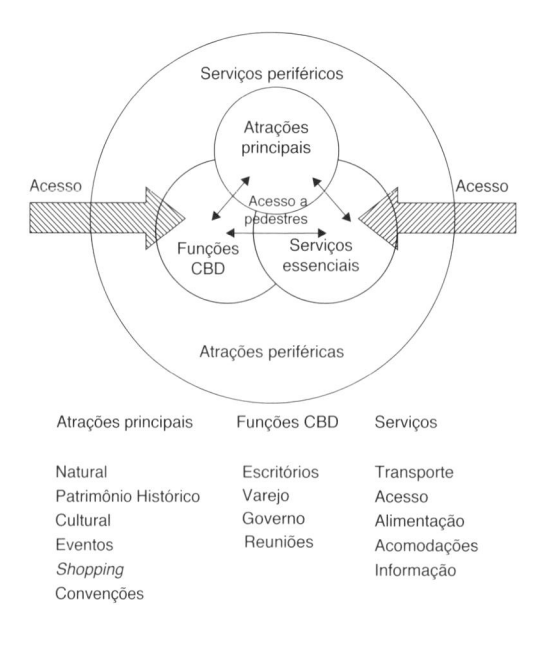

Atrações principais	Funções CBD	Serviços
Natural	Escritórios	Transporte
Patrimônio Histórico	Varejo	Acesso
Cultural	Governo	Alimentação
Eventos	Reuniões	Acomodações
Shopping		Informação
Convenções		

Fonte: Getz, 1993: 597.

Getz argumenta que criar uma massa crítica utilizando a integração espacial de atrações, amenidades turísticas e outras funções da cidade – incluindo o seu papel comercial – é um processo que ajuda a aumentar o apelo que as áreas turísticas são capazes de exercer sobre os turistas. Seu estudo de caso sobe Niagara Falls discutiu as implicações dos diferentes tipos de organização espacial do DNT, cuja forma mais concentrada no lado norte-americano das cataratas, oferecia a vantagem de ser mais fácil de explorar pelos turistas, que quase sempre estavam a pé; o lado canadense, com sua estrutura mais dispersa, enfrentava menos problemas com a questão dos congestionamentos de veículos e escassez de terras.

Aglomerar atrações e instalações turísticas – tanto nas áreas mais orgânicas quanto nas projetadas para o turismo – tem sido imprescindível para se conseguir uma maior integração espacial e funcional das áreas turísticas urbanas (Getz, 1993; Jansen-Verbeke e Van de Wiel, 1995; Page, 1995a; Pearce, 1998). Concentrar atrações e atividades voltadas para o turismo em um único lugar ajuda a criar um leque mais amplo de possíveis usos de uma área turística urbana (Jansen-Verbeke e Van de Wiel, 1995). Em seu estudo de caso conduzido em Docklands, Londres, Page (1995a) fez um alerta para tentar evitar negligência com relação à importância da aglomeração de negócios, citando a posição do Departamento do Meio Ambiente:

> Projetos de turismo parecem ser mais impactantes quando são agrupados junto a outros projetos em uma área geográfica reduzida. Essa abordagem voltada para a aglomeração aumenta a visibilidade pública, permite que se crie vínculos entre projetos e facilita as ações conjuntas de *marketing* (Page, 1995a, p. 70).

A importância da aglomeração nas áreas turísticas é reforçada pelo fato de que os mapas mentais que os turistas criam com relação à dada área são fragmentados e restritos a somente uma porção do espaço (Burtenshaw et al., 1991, p. 212). Além disso, o fato de a maior parte dos turistas não possuir transporte próprio e desconhecer o transporte público limita sua mobilidade e os mantêm em lugares específicos. A aglomeração como forma de concentrar atrações, instalações e outros elementos de interesse turístico permite um acesso mais cômodo a eles e ajuda a formar a experiência turística.

A presença de acesso para pedestres a várias das atrações de uma área funcional turística representa a possibilidade de se participar de inúmeras atividades (Jansen-Verbeke e Lievois, 1999). Áreas que oferecem ligações convenientes entre seus elementos internos incentivam os visitantes a explorarem o lugar, e aumentam o apelo exercido sobre os turistas pedestres (Getz, 1993). As vantagens de se criar ligações para pedestres nas cidades têm sido defendidas na bibliografia da área (Gehl e Gemzoe, 2001; Gehl, 2002), e encontra apoio nas evidências coletadas em construções de orla marítima muito bem sucedidas em Baltimore e Liverpool (Craig-Smith, 1995, Fuller, 1995) e Brisbane (Fagence, 1995).

Os resultados dos estudos conduzidos em Amsterdam (Jansen-Verbeke e Van de Wiel, 1995) e em duas atrações vizinhas situadas em Paris – Notre Dame e a Sainte Chapelle (Pearce, 1998) – demonstram na prática a importância da aglomeração e da criação de acessos para pedestres nas áreas funcionais turísticas. Um exemplo de fracasso na questão da integração de locais adjacentes pode ser visto no estudo citado acima: as duas atrações (apesar de sua proximidade espacial) mostraram ter números de visitação bastante discrepantes, além de não ostentarem uma integração funcional (Pearce, 1998, p. 56). Isso poderia ser explicado não só porque Notre Dame é um dos pontos turísticos mais famosos de Paris, mas também pela estrutura espacial confusa do local e pela quase que ausência de ligações para pedestres entre os dois lugares.

No caso do turismo histórico, conforme uma cidade se adapta a novas condições econômicas e normativas, também as funções e usos de seus espaços mudam (Burtenshaw et al., 1991; Ashworth e Tunbridge, 2000; Page e Hall, 2003). O turismo constitui uma "camada" relativamente recente, que foi adicionada a um ambiente já consolidado, e que compartilha o espaço urbano com as outras funções de uma cidade histórica.

O entrelaçamento do espaço urbano, do patrimônio histórico e das atividades de lazer toma um rumo único em cada caso. No exemplo de Amsterdam, a remodelação do centro histórico da cidade, as novas normas governamentais, e também a configuração peculiar da área (caracterizada por quadras pequenas, ruas estreitas e becos normalmente inacessíveis de carro) acabaram por determinar o *mix* de uso territorial na região. Houve poucas oportunidades de se construir grandes escritórios; em vez disso, emergiu um leque bastante variado de atividades voltadas ao lazer, de lojas de antiguidades a restaurantes (Terhorst et al., 2003, p. 80).

Um processo similar ocorreu em York, onde a reorientação do papel da cidade, passando de polo de produção a polo de consumo, resultou em uma incorporação gradual de atividades voltadas ao lazer e ao turismo na estrutura urbana (Meethan, 1996).

Em ambos os casos, a estrutura espacial e social urbana preexistente teve um papel de destaque para se determinar a formação de uma área turística. A consolidação gradual do turismo em áreas de patrimônio histórico, onde ele é "injetado" na estrutura já existente, promove o surgimento de um *mix* mais diverso de usos, com avanços em menor escala, voltados às pessoas. Essas áreas que se desenvolvem de forma mais orgânica criam um ajuntamento de elementos "desiguais" (Moltch et al., *apud* Maitland, 2007, p. 31), combinando formas únicas e diversas de se utilizar o espaço que, ao fim das contas, somam ao potencial turístico de uma área. Como resultado, essas áreas de desenvolvimento mais orgânico se mostram mais sustentáveis e também resistentes a mudanças nas expectativas dos consumidores, em comparação com áreas que dependem de atrações específicas (Maitland, 2007; Murayama e Parker, 2007).

Na outra ponta do espectro, as áreas criadas para o turismo, que apresentam pouca ou nenhuma estrutura espacial preexistente, são submetidas a um processo de planejamento deliberado que determina qual o *mix* "desejável" de avanços e padrões de uso de espaço. Baltimore, que viu a utilização pioneira da integração de espaços de trabalho e de moradia com o turismo e o lazer, se tornou o exemplo a ser seguido no tocante a projetos de natureza similar a serem executados pelo mundo (Craig-Smith, 1995, p. 19). O sucesso de Baltimore pode ser explicado pela integração espacial e funcional de várias formas de uso em um ambiente visualmente atrativo. Utilizando-se de um espaço junto à água e oferecendo uma série de atividades – de mercados de objetos usados e corridas de lancha a festivais internacionais –, o local possibilitou que Baltimore gerasse uma massa crítica capaz de atrair uma grande diversidade de usuários (Craig-Smith, 1995). Criar ambientes acessíveis com bom acesso para pedestres e espaços públicos atrativos também contribuiu para incrementar a popularidade do lugar (Rubenstein, 1992).

O modelo de área turística desenvolvido junto à orla marítima (*waterfront*) estabelecido em Baltimore foi exportado e reproduzido em vários lugares: Darling Harbour em Sydney, Yokohama Bay no Japão e Ramblar del Mar em Barcelona (Jones, 2007). Tal procedimento levanta a questão da homogeneização e reprodução de espaços urbanos (Jansen-Verbeke, 1998; Judd, 1999; Jones, 2007; Maitland, 2007; Murayama e Parker, 2007; Richards e Wilson, 2007), além de indicar um possível descaso pelo contexto específico – tanto físico quanto sociocultural – em que tais áreas serão construídas (Judd, 1999; Jones, 2007; Richards e Wilson, 2007).

Maitland (2007) questionou a autenticidade das áreas criadas exclusivamente para o turismo. Segundo ele, elas constituem um tipo de produto turístico padronizado, reproduzido em escala global independente de sua posição geográfica e cultural. Ele argumenta que "a apreciação de lugares tão distintos pode ser, em parte, a oportunidade de se conceber um *mix* do novo e local com o internacional e familiar – oferecendo assim possibilidades de escolha indisponíveis no turismo pré-planejado ou nos destinos de entretenimento urbano" (Maitland, 2007, p. 28).

Parece que é preciso conceber alternativas para elaborar novas áreas funcionais turísticas que fujam dos modelos existentes. Criar espaços turísticos complexos, multidimensionais e únicos é algo necessário para se acabar com a crescente homogeneização e "mercadorização" das cidades turísticas. A bibliografia atual da área enfatiza a necessidade de se ir além do planejamento de uso territorial misto com o único propósito de fornecer diversidade espacial para utilizações futuras; é preciso buscar a fusão de elementos culturais e específicos de cada lugar no formato físico dessas áreas funcionais turísticas (Smith, 2007). A noção de desenvolvimento de espaços, espetáculos e turismo criativos – nos quais a cultura tem um papel preponderante – foi colocada em pauta (Richards e Wilson, 2007) e merece ser analisada com calma. Na busca por se tornarem atrativas aos olhos dos turistas, várias áreas urbanas perderam aquilo que originalmente era responsável por chamar a atenção dos visitantes: a riqueza do espetáculo urbano, que tem como núcleo a vida na cidade, seus moradores e sua cultura.

INTEGRANDO O FORMATO E A UTILIDADE DAS ÁREAS TURÍSTICAS: A CIDADE COMO PALCO

A última parte deste capítulo traz à tona um aspecto importante, embora amplamente negligenciado, da inter-relação entre as características espaciais do turismo urbano e a experiência vivenciada pelos visitantes nas áreas funcionais turísticas. O domínio exercido pelas perspectivas administrativas e de *marketing* no tocante ao turismo urbano parece ter desviado a atenção geral de uma questão crucial: como o formato e o conteúdo das cidades afeta a experiência dos turistas.

Houve pedidos para que se mudasse o foco das discussões. Ao invés de tratar das razões que levam os turistas a visitar outros lugares, a ideia era entender o que eles realmente fazem e vivenciam enquanto estão nesse lugar (Middleton, 2000; Griffin e Hayllar, 2006). Há também uma necessidade de se entender melhor o comportamento dos visitantes nas áreas funcionais turísticas urbanas, e examinar a forma como o ambiente físico pode influenciar sua postura.

As áreas turísticas como partes integrais do contexto urbano oferecem uma interessante visão acerca da complexa interação entre turistas, moradores e a cidade, no seu papel de ambiente onde tudo ocorre. A configuração espacial das áreas funcionais turísticas, representada em sua estrutura física, forma uma espécie de arena para o comportamento e a experiência dos visitantes. Já foi dito que lugares temáticos são como palcos específicos, sobre os quais turistas e trabalhadores do setor atuam (Edensor e Kothari, 2003). Bærenholdt (2003, p. 150) sugere que "há uma relacionalidade complexa de lugares e pessoas conectadas por meio de diversas *performances*", e também coloca que o "lugar" em si não é fixo, mas sim implicado pelas complexas redes através das quais "anfitriões, hóspedes, construções, objetos e máquinas" são reunidos para produzir certas encenações turísticas em determinados lugares e a certos momentos. Os turistas atuam em lugares conforme seus roteiros turísticos e em relação ao palco, bem como em relação a outros atores – tanto moradores quanto turistas. É isso que dá feições ao espetáculo da experiência urbana (Bagnall, 2003).

Áreas turísticas – como espaços de *performances* turísticas – compreendem uma intrincada rede de relacionamentos que liga o palco a seus artistas e suas atuações. O espaço das áreas turísticas pode ser vislumbrado como um palco que fornece um contexto para que as encenações ocorram; um palco que é recontextualizado e transformado pelas manifestações que abriga. Goffman (1959) faz referência ao palco central, que gera o contexto da encenação, definindo as situações que vão tomar forma dentro de suas fronteiras. É o palco que fornece o pano de fundo para que os turistas interpretem seus papéis, através da presença e da natureza do seu cenário físico: a decoração, os elementos de cena e a atuação dos outros.

A presença de normas socioculturais, temporais e espaciais que regulem essa manifestação também é crucial para a natureza do espetáculo. Junemo (2004), em sua descrição de "playgrounds naturalistas", enfatizou a importância de ambientes temáticos como "ambientes de interação" perfeitos para intercâmbios sociais. De forma subsequente, não são apenas os roteiros turísticos dos "turistas como atores" que definem a experiência vivenciada em um lugar; os contextos sociais e espaciais em que esses roteiros são escritos e interpretados têm um papel de grande destaque nisso. O ambiente espacial e social age como um regulador da *performance* turística – encorajando alguns ao mesmo tempo em que faz com que outros caiam fora de contexto –, e por isso é crucial para qualquer investigação da natureza do turismo urbano.

O relacionamento entre as pessoas e o ambiente em que elas estão vem sendo investigado por vários campos científicos, em especial a psicologia ambiental. Alguns dos primeiros e mais importantes trabalhos divulgados na área apontam para uma forte interdependência entre estrutura espacial e comportamento espacial (Berry, 1968). A equação ecológica elaborada por Lewin (1951) ilustra isso ao interpretar o comportamento como sendo um resultado de fatores ambientais e pessoais. Barker (1968) propôs uma teoria que pressupõe uma união entre ambiente físico e comportamento, concebendo este como uma amálgama do ambiente físico (meio) com o padrão permanente de comportamento (atividade humana recorrente) mais as limitações espaço-temporais desses dois últimos. De acordo com Barker, cada ambiente possui uma programação que incentiva determinadas atividades, ao mesmo tempo em que rechaça outras. Essa teoria está em consonância com a noção dos espaços turísticos como palcos para a *performance* turística: ambos permitem a conceitualização dos espaços turísticos e dos eventos que neles ocorrem como um processo holístico e mutuamente dependente.

Barker observou que uma pessoa em uma igreja tem um comportamento diferente de alguém que está em um mercado. Pode ser uma comparação simplista, mas ela demonstra com clareza o ponto de que ambientes diferentes incentivam posturas diferentes. De um ponto de vista turístico, a relação entre formato e estrutura das áreas turísticas e as atividades que ocorrem nelas continuam merecendo uma atenção especial por dois motivos. Primeiro, conforme mencionado anteriormente, a experiência turística (a *performance*) é em grande parte moldada pela natureza do contexto espacial (o palco) em que ela ocorre. Consequentemente, um dado espaço turístico e sua disposição interna favorecem diferentes atividades e experiências.

Por outro lado, o mesmo espaço, em conjunto com suas respectivas atividades, se transforma em um objeto a ser captado pelo olhar do turista. Tal olhar é dirigido tanto à cena urbana como um todo quanto às performances dos outros. Como resultado, os turistas são, simultaneamente, atores em suas *performances* e público para as *performances* de terceiros (Goffman, 1959). O espaço das áreas funcionais turísticas urbanas, em conjunto com a recorrência de *performances*, demonstra a possibilidade real de relação entre espaço e atividades, e também revela sua contribuição para a construção da identidade de dado lugar, ao mesmo tempo em que fornece conteúdo para o olhar do turista. A noção de padrões introduzida por Alexander (mencionada anteriormente) capta este fenômeno com grande discernimento:

> Há uma conexão interna fundamental entre o padrão de eventos e o padrão do espaço em que ele ocorre. Isso porque o padrão de espaço é requisito para que o padrão de eventos aconteça. Nesse sentido, ele tem um papel fundamental, assegurando que seja esse o único padrão de eventos a se repetir inúmeras vezes no espaço. Essa é, sem dúvida, umas das coisas que empresta a certa construção – ou certa cidade – sua personalidade (Alexander, 1979, p. 92).

Os conceitos de padrões, bem como a teoria introduzida por Barker relativa ao comportamento e ao ambiente, têm implicações para com a forma que o turismo urbano, inclusive as áreas turísticas, é visto. Em especial, interligar espaços urbanos e suas atividades correspondentes permite não apenas a criação de uma representação oferta-demanda de uma localidade urbana; mais importante que isso é conceituar o fenômeno do turismo urbano como sendo um processo holístico de fusão de qualidades relativas ao lugar com as experiências multidimensionais vividas por cada turista. À medida que seu espaço vai sendo habitado, as áreas turísticas serão palco de *performances*, recebendo significados e serão, por fim, transformadas em lugares por grupos efêmeros de visitantes.

A seletividade da visão que determina o "referenciamento" de locais por turistas (Ashworth e Tunbridge, 2000, p. 76) e o padrão por meio do qual tais locais são vivenciados (Jansen-Verbeke e Van de Wiel, 1995) são mais uma consideração importante a se fazer na análise da interação espaços turísticos e *performances* turísticas.

A pesquisa de Gibson sobre a percepção visual e a teoria que resultou dessa pesquisa, sobre externalidades ambientais, ligam certas propriedades do ambiente com oportunidades comportamentais, sob a mediação da percepção (visual) individual (Gibson, 1977; Gibson, 1979). As externalidades ambientais podem ser vistas como oportunidades específicas para comportamentos, que resultam de uma congruência entre certas propriedades ambientais e as habilidades de uma pessoa, bem como suas necessidades, vontades e motivações (Greeno, 1994, p. 340). Nesse sentido, o ambiente pode ser visto como sendo "cheio de oportunidades e limitações por conta de suas características" (Lang, 1987, p. 81); como um palco de teatro, ele permite que certas *performances* e interações ocorram, enquanto dificulta outras por conta de um ambiente inapropriado e uma falta de elementos de cena relevantes. Haldrup e Larsen (2006) discutem as concessões em termos de vivenciar paisagens físicas como um palco:

> [Os turistas] entram nessa "paisagem" e começam a interagir de forma corporal, sensitiva e expressiva com sua materialidade e externalidades. A paisagem como "forma de se enxergar" as coisas precisa ser complementada pela ideia da "paisagem como palco". Essa paisagem tem uma materialidade densa de vistas, cenários e afins, que não apenas transmitem algo e instigam a imaginação, mas habilitam coisas e representações (Haldrup e Larsen, 2006, p. 281)

O espectro turista-oportunidade (Jansen-Verbeke e Van de Wiel, 1995; Jansen-Verbeke, 1998; Jansen-Verbeke e Lievois, 1999) reflete o conceito de externalidades dentro de um contexto turístico urbano. Ele responde pela complexidade de interações entre o palco e os artistas, ligando a estrutura e o conteúdo dos espaços turísticos urbanos com seu real padrão de uso. O modelo combina elementos-chave do turismo urbano – que podem incluir uma série de atrações históricas, culturais ou de lazer – com elementos secundários que englobam o setor de hospitalidade, de entretenimento, entre outros. As aglomerações de elementos espaciais representadas no espectro turista-oportunidade acarretam usos diferentes do mesmo local por diferentes grupos de pessoas (Jansen-Verbeke e Van de Wiel, 1995; Jansen-Verbeke e Lievois, 1999). Também é interessante notar que os fatores que constituem esse espectro formam um paralelo com a maior parte das questões discutidas na primeira parte deste capítulo – desde a integração funcional das áreas turísticas até sua acessibilidade. Mais especificamente, Jansen-Verbeke e Lievois (1999) enxergam o espectro turista-oportunidade como sendo formado pelos seguintes elementos:

– acessibilidade para e dentro da área de destino;
– possibilidade de escolha dentre uma ampla variedade de atividades, e chance de encontrar uma grande diversidade de preferências;
– combinação de atividades dentro de uma mesma quantidade de espaço-tempo;
– organização espacial de lugares interessantes (redes de comunicação, trilhas);
– sinergia funcional entre instalações urbanas; e
– interação entre atividades.

O que parece ter um valor particular nesse espectro é a interligação da forma e estrutura das áreas funcionais turísticas urbanas com as funções que eles representam para diferentes grupos de visitantes. O espectro turista-oportunidade expõe a importância do espaço individualizado, onde fatores como sexo, raça, idade, opção sexual, deficiência e outros influenciam a forma de se enxergar e vivenciar um mesmo espaço turístico.

O conceito de *choraster* (Wearing & Wearing, 1996) aponta para uma interatividade e transformação do espaço no qual a qualidades de uma cidade e um turista estão em estado de constante fluxo e intercâmbio. A noção de *chora* (espaço interativo) conceitua o espaço como sendo aberto a transformações, o que possibilita um vasto leque de *performances* humanas e acolhe a diversidade. No entanto, tal conceito ainda precisa ser reconhecido no planejamento urbano, no qual a ênfase no projeto de espaços ainda é estética, e não no elemento humano.

O caso da revitalização do North Terrace em Adelaide, uma das áreas funcionais turísticas de maior proeminência no sul da Austrália, ilustra na prática o fracasso do *design* urbano quando se trata de criar espaços que fomentem interações entre as pessoas e a cidade em que estão. Um subsequente pedido, por parte do prefeito da cidade, para que "se identifique qual a atividade humana que vai tornar o North Terrace em uma espécie de ícone em nossos corações" já estava mais do que na hora de surgir. Hoje em dia, o North Terrace continua sendo um lugar de espaço mal-utilizado e potencial não concretizado, porque sua revitalização fez pouco mais do que renovar sua fachada.

Enxergar além da "cobertura estética" (Sheller e Urry, 2004, p. 8) dos espaços urbanos e conceituá-los como sendo palcos de *performances* humanas – nos quais moradores e turistas buscam expressar seus complexos papéis – parece ser uma alternativa bastante frutífera. Para que uma área turística seja interessante e animada, seu *design* espacial deve permitir uma série de *performances* humanas. Gehl as divide em "necessárias", "opcionais" (de lazer urbano) e "atividades sociais":

> Em áreas urbanas de boa qualidade, você pode encontrar não apenas atividades necessárias (realizadas sob condições decentes), mas também uma imensa variedade de atividades de lazer e sociais que todos adoram fazer enquanto estão em uma cidade. No entanto, tais atividades só vão acontecer caso as circunstâncias sejam apropriadas, ou seja, se a cidade oferecer espaços estimulantes e de boa qualidade. É por isso que uma boa cidade pode ser comparada a uma boa festa – as pessoas ficam muito mais tempo do que o necessário porque estão se divertindo (Gehl, 2002, p. 9)

Claramente então, certas áreas funcionais turísticas encorajam a realização de diversas atividades, outras o fazem em uma escala mais contida. As interligações entre espaços turísticos e *performances* turísticas significam que lugares estimulantes são aqueles que permitem que os visitantes se envolvam em várias atividades, e atendam suas necessidades humanas de se divertir, relaxar, socializar e assim por diante. As construções de estilo misto e sua prevalência nos métodos atuais de planejamento provam o apelo de áreas funcionais turísticas que usam o espaço físico de diversas maneiras e permitem que várias atividades diferentes ocorram em sua estrutura. O exemplo das "ruas de mercado aberto" em cidades como Baltimore e Sydney (Craig-Smith, 1995) ilustra muito bem a noção de áreas funcionais turísticas como lugares onde atividades se desenrolam. A interdependência de ambos – espaço e atividade – é fascinante; no entanto, ao mesmo tempo, ela acrescenta um viés de complexidade à análise do fenômeno.

CONCLUSÃO

O objetivo deste capítulo foi discutir os principais temas relacionados à estrutura e formato das áreas funcionais turísticas urbanas. Parece que o termo "área turística" sofre com uma espécie de "imprecisão" em termos de definição, característica essa que se reflete em âmbito espacial nas áreas funcionais turísticas – principalmente naquelas que surgiram organicamente a partir de uma estrutura urbana já existente. Estudos anteriores apontam para a importância de uma sólida integração espacial e funcional, assim como construções de uso misto e aglomerações, como sendo alguns dos atributos definitivos de uma área funcional turística. Eles possivelmente vão variar de uma área para outra, criando disposições peculiares de lugares e vistas em cada uma deles, o que provoca o surgimento de olhares divergentes.

A variedade e complexidade das áreas funcionais turísticas complicam a tarefa de se analisar o fenômeno. Esse é o dilema fundamental enfrentado pela pesquisa de turismo urbano, caracterizada pela falta de bases teóricas sólidas. Conforme sugerido na segunda parte deste capítulo, isso pode ser superado ao se conceituar o turismo urbano como sendo uma interação entre o ambiente das cidades e seus visitantes. A noção de *performance* turística é investigada por meio de sua aplicação nas áreas funcionais turísticas urbanas, e várias abordagens teóricas são utilizadas para se montar um sistema que permita a análise dessas áreas.

Argumentou-se que as propriedades espaciais das áreas funcionais turísticas constituem um palco que dá oportunidades para que ocorram atuações turísticas. A relação entre o palco e as manifestações que nele acontecem é vista como sendo sinérgica: o palco contextualiza a atuação dos turistas, e em contrapartida, tais atuações moldam a natureza do espaço turístico. A abordagem proposta oferece uma chance de se mudar o foco hoje dominante no campo – o de distribuição espacial de diferentes elementos de fornecimento – para uma análise mais aprofundada do fenômeno. Tal perspectiva é necessária em uma época na qual o crescimento e a revitalização contínua de áreas urbanas apresentam muito potencial de criação de espaços turísticos, em conjunto com vários desafios

Isso é intensificado pelo fato de que um palco global está surgindo, levantando a cortina para revelar novos lugares e experiências. Em tal palco, cidades, ilhas e países parecem competir entre si, mobilizando-se como em um espetáculo, a desenvolver suas marcas e atrair turistas, negócios relacionados e *status* (Sheller e Urry, 2004, p. 8). Consequentemente, é crucial que se vá além das "coberturas estéticas" (Sheller e Urry, 2004, p. 8) dos espaços turísticos, e se conceba tais espaços como complexos que são palco de atividade, imaginação e *performance* humanas.

CONSTRUINDO EXEMPLOS BRASILEIROS

A partir da leitura do texto de Krolikowski e Brown, é possível verificar que o espaço onde a área funcional turística se desenvolve é também determinante para o seu sucesso. As diferenças que existem entre as diversas áreas funcionais em grandes cidades dificultam a tarefa de encontrar pontos em comum que possam subsidiar a construção de um corpo teórico próprio.

Mas há diferenças significativas entre as áreas que se desenvolveram como resposta à mudança na atividade econômica de um determinado lugar e aquelas que foram construídas como áreas turísticas.

Considerando áreas funcionais turísticas brasileiras, é possível identificar as que se desenvolveram organicamente e as que foram construídas com este fim?

Tendo em mente as cidades históricas mineiras, pode-se afirmar que a apropriação pelo turismo cria áreas funcionais turísticas?

Que características uma área funcional turística a ser desenvolvida deve apresentar, para ter sucesso, considerando especialmente as questões de forma espacial e estrutura?

CAPÍTULO 7
Contribuição das áreas funcionais turísticas urbanas para a economia das cidades

Brent W. Ritchie

INTRODUÇÃO

Áreas urbanas oferecem uma concentração geográfica de instalações e atrações que podem ser acessadas tanto por visitantes quanto por moradores. As áreas funcionais turísticas urbanas existem há tanto tempo quanto os primeiros assentamentos urbanos. No entanto, nas últimas décadas, várias dessas áreas passaram a receber uma maior atenção do governo, por conta de seu papel fundamental nas estratégias de revitalização urbana e *marketing* de localidades. Conforme sugerido por Page e Hall (2003, p. 2), "só a partir dos anos 1970, por conta da preocupação geral com as cidades que foram afetadas pela reestruturação motivada pela reindustrialização, é que surgiu um interesse na forma e natureza da cidade pós-industrial".

As cidades estão procurando cada vez mais atividades econômicas inéditas que as ajudem a superar as ameaças do desemprego, escassez de recursos e decadência, todas elas resultados de mudanças nas economias em geral. Como assinala Law (2002), as áreas mais afetadas estavam nas antigas cidades industriais situadas no "norte" de seus países. Os níveis de desemprego em algumas dessas cidades permanecem altos ainda hoje; isso, somado aos padrões intraurbanos de crescimento em direção à periferia, fez com que os centros das cidades perdessem muitos de seus moradores e de sua atividade comercial, o que exacerbou a decadência urbana já percebida.

No entanto, em um claro esforço para lidar com esses problemas e reagir a pressões globais em prol da modernização e desenvolvimento das economias do setor de serviços, os governos (por meio de parcerias públicas e/ou privadas) vêm tentando criar novas atividades econômicas para auxiliar a (re)desenvolver a cidade pós-industrial, ou então criar a cidade pós-fordista (Hutton, 2004). Em particular, os setores privado e governamental buscam desenvolver áreas turísticas como espaços urbanos que atendem às demandas de inúmeros usuários, inclusive moradores. De acordo com Page e Hall (2003), o turismo urbano se beneficiou com as mudanças nos padrões de consumo vivenciadas pela sociedade pós-industrial, com o setor público buscando criar lugares visando ao investimento, assim como ao consumo de lazer, entretenimento e turismo. Ligar as indústrias de entretenimento ou de cultura ao turismo tem sido um dos alicerces dessas estratégias (Judd, 1995).

O Distrito Turístico Central (DTC), delineado por Burtenshaw et al. (1991), ou o Distrito de Negócios Turísticos (DNT), identificado por Getz (1993a), sugerem que as atividades turísticas nas cidades estão situadas em áreas que apresentam uma relação evidente com as funções exercidas pelo centro financeiro da cidade, com suas atrações turísticas e serviços essenciais (ver **Figura 7.1**). Getz assinala que é necessário elaborar uma massa crítica de atrações e serviços, a fim de que os turistas se sintam incentivados a permanecer mais tempo no lugar e possam aumentar seu impacto econômico na área e na cidade. Os DNTs são geralmente submetidos a um planejamento intenso por parte das autoridades municipais (Getz, 1993a), integrando o turismo ao contexto econômico geral da cidade.

Figura 7.1 — O Distrito de Negócios Turísticos

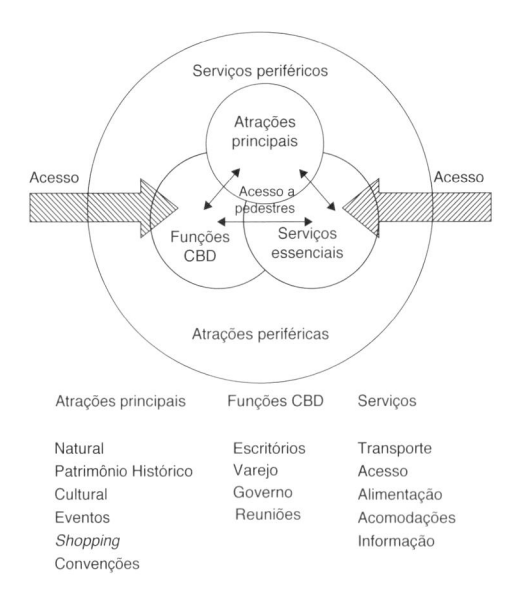

Atrações principais	Funções CBD	Serviços
Natural	Escritórios	Transporte
Patrimônio Histórico	Varejo	Acesso
Cultural	Governo	Alimentação
Eventos	Reuniões	Acomodações
Shopping		Informação
Convenções		

Fonte: Getz, 1993a; Page, 1993.

Entretanto, embora a concentração de recursos turísticos e não turísticos em áreas turísticas ou DNTs possa mesmo atrair visitantes, ela também gera uma região interessante para moradores e trabalhadores locais, por meio da provisão de entretenimento de rua, eventos especiais e construção de uma identidade. Ao fazer referência aos centros de cidades norte-americanas, Judd (1995, p. 178) ressalta: "Instalações turísticas coexistem com os edifícios corporativos em uma relação simbiótica, e há certa sobreposição também: *shopping centers*, restaurantes e bares atendem tanto a quem trabalha por lá quanto aos turistas". Segundo a exposição de Savage et al. (2004, p. 215) em relação à Singapura, as zonas temáticas de turismo – como a do Rio Singapura – são paisagens que acumulam funções: atrações turísticas, locais de patrimônio histórico, áreas residenciais e também áreas turísticas de comércio/lazer.

Sendo assim, ao se examinar a contribuição econômica das áreas turísticas, é difícil separar o componente turístico (ou mesmo componentes mais específicos, como os de lazer ou os culturais) do componente local, justamente por causa desse aspecto multiuso do DNT (ou área turística). Além do mais, nem todas as áreas funcionais turísticas se localizam no centro da cidade ou nas imediações do centro financeiro, já que certos enclaves podem ser encontrados em áreas vizinhas. No entanto, conforme este capítulo vai mostrar, quase sempre as áreas centrais das cidades é que são o foco do (re)desenvolvimento para a criação de áreas turísticas. Tal enfoque gera questões sobre a distribuição dos benefícios econômicos extraídos da criação de uma área turística para a cidade e sua área metropolitana.

Junto com isso, Page e Hall (2003) e Law (2002) fazem menção a alguns benefícios e custos econômicos comuns do turismo nas áreas urbanas que podem ser aplicados às áreas funcionais turísticas construídas em meio às cidades. Tais custos e benefícios são listados na **Tabela 7.1**, e são discutidos neste capítulo com o uso de exemplos. Os benefícios e custos que surgem das áreas funcionais turísticas podem ser separados em três períodos principais:

(1) construção ou (re)desenvolvimento da área funcional turística;

(2) alguns anos após a criação da área funcional turística – ciclo econômico de curto ou médio prazo;

(3) décadas após a criação da área funcional turística – ciclo econômico de longo prazo.

Tabela 7.1 — Custos e benefícios potenciais em áreas funcionais turísticas urbanas

Possíveis benefícios	Possíveis custos
A geração de renda para a economia e a comunidade locais	Possível dependência econômica em um tipo específico de atividade das áreas centrais, ou distribuição desigual de benefícios para a área central
Criação de novas oportunidades de emprego para as regiões centrais e expansão em direção aos bairros que cercam a área turística	Custos inflacionados à medida que novos consumidores demandam recursos imobiliários; remodelação provoca o desalojamento de pequenos negócios e moradores
Melhorias na estrutura e equilíbrio de atividades econômicas na localidade, por meio da requalificação urbana	Dependência crescente de produtos ou serviços importados, caso a economia local não seja autossuficiente o bastante e apresente vazamentos econômicos

(continua)

Incentivo ao empreendedorismo à economia informal, especialmente para grupos étnicos	Sazonalidade de consumo e produção leva a retornos limitados nos investimentos
Revitalização leva ao repovoamento da região central e ao aquecimento da economia	Custos adicionais indiretos ou custos de oportunidade para as autoridades municipais, incluindo segurança e vigilância

Fonte: Baseado em Page e Hall (2003).

Este capítulo discute a inter-relação entre a criação de uma área funcional turística e seus impactos na economia local, usando os períodos descritos acima e debatendo os possíveis benefícios e custos delineados por Page e Hall (2003). O capítulo vai considerar os custos e benefícios associados às áreas turísticas, avaliar o valor dessas áreas como parte do sistema de atrações turísticas da cidade, e abarcar as economias de aglomeração que advêm do desenvolvimento dessas áreas. A próxima seção do capítulo começa com uma discussão acerca dos custos e benefícios relativos à construção durante o processo de criação de uma área funcional turística.

CONSTRUÇÃO OU (RE)DESENVOLVIMENTO DE ÁREAS FUNCIONAIS TURÍSTICAS

Várias iniciativas do governo e de parcerias do setor público-privado foram firmadas para se promover a construção de áreas funcionais turísticas, tendo como foco principal a requalificação de áreas abandonadas do centro da cidade ou de zonas industriais. Ao fazer isso, o setor público passa a atrair capital de investidores privados, e ajuda a estimular um desenvolvimento econômico de longo prazo e maior geração de empregos (Harvey, 1989). Entretanto, houve críticas a essas parcerias no que concerne a como lidam com a revitalização urbana e social (Goodwin, 1993), já que algumas cidades sofrem com o fraco investimento do setor privado e a escassez de empreendimentos (Law, 2002).

É difícil encontrar dados econômicos a respeito da fase de construção das áreas turísticas, em especial porque os incentivos, subsídios ou abatimento de impostos concedidos ao setor privado não costumam ser revelados. Há casos em que agências público-privadas são criadas especialmente para construir áreas funcionais turísticas, como no caso de Docklands, em Londres, e do Quincy Market, em Boston. Este último, aliás, ilustra a capacidade de o setor público lucrar com projetos dessa natureza: a cidade de Boston ofereceu 12 milhões de dólares (30% do custo total do projeto) por um aluguel de 99 anos, em troca de um pagamento mínimo em dinheiro e uma parcela do valor dos aluguéis de lojas bem acima desse montante (Judd, 1995). A função do governo na criação de Docklands também foi de destaque – o custo público total do projeto foi estimado em 3,9 bilhões de libras, metade dos quais são relativos ao transporte; já o setor privado investiu, até março de 1998, uma estimativa de 8,7 bilhões de libras (DETR, 1998). Outras estimativas do DETR (1996) sugerem que, para cada um milhão de libras de despesas geradas pelo setor público, o número de empregos triplica, e o número de empresas aumenta cinco vezes.

Consultores estimam que, como parte do processo de revitalização da margem sul do Rio Tâmisa, em Londres, a construção da Tate Modern Gallery gerou um benefício econômico de 100 milhões de libras, além de três mil empregos para a comunidade só na etapa de construção (Kennedy, 2001). Como parte do legado deixado pelos *Manchester Commonwealth Games* de 2002, o *SportCity* – situado no nordeste de Manchester – deve atrair cerca de 400 milhões de libras em investimentos, incluindo 90 milhões de libras em dinheiro público, pelos próximos 10 a 15 anos; tudo para a construção de um parque tecnológico de 160 hectares, 12,5 mil novas casas e um novo centro urbano com restaurantes e lojas. Ao erguer o "Quarteirão das Joias" de Birmingham, foram listados 300 subsídios públicos que totalizaram 1,6 milhão de libras, mais três milhões de libras vindos do setor privado por meio do *Jewellery Quarter Action Project* (Pearce, 1994). No entanto, conforme mostrado mais adiante, o projeto foi considerado um fracasso por conta da falta de apoio do comércio local.

Em Detroit, na metade dos anos 1990, um projeto de revitalização focado no lazer, cujo objetivo era a criação de uma área turística cultural e esportiva, envolveu uma contribuição pública de 48% dos 505 milhões de dólares necessários para o projeto; em 1996, foram feitas propostas para se usar entre 500 milhões e 700 milhões de dólares na construção de cassinos, o que geraria cerca de três mil a quatro mil empregos (McCarthy, 2002). O West Edmonton Mall, um dos maiores *shopping centers* do mundo, localizado em Alberta, Canadá, combina lazer, turismo e comércio em um único ambiente. As estimativas quanto ao custo total de construção do lugar giram em torno de 1,2 bilhão de dólares.

O fundo da União Europeia já foi usado, em alguns casos, para prover apoio a esforços de revitalização em países como Irlanda e Portugal, e cidades como Liverpool, Inglaterra, como parte da estratégia de reestruturação econômica. Por exemplo, a cidade do Porto, em Portugal, recebeu subsídios da União por meio do *European Union Support Framework* para remobiliar espaços públicos, criar novas instalações culturais e trabalhos públicos antes de se tornar a Capital Europeia da Cultura (Balsas, 2004). Dublin recebeu um subsídio inicial de quatro milhões de libras da União, como parte de um pacote de 100 milhões de libras a serem entregues em até 10 anos, com o objetivo de transformar Temple Bar em um bairro cultural (Montgomery, 2003). Segundo Judd (1995, p. 184), a mistura entre os subsídios públicos e o dinheiro privado que é perpetrada por essas novas entidades público-privadas dificulta a avaliação dos custos e benefícios econômicos dessas obras. Outras questões, como, por exemplo, o fato de que muitas dessas construções são feitas gradualmente, podem levar à escassez de dados.

CICLOS ECONÔMICOS DE CURTO E MÉDIO PRAZO

Visitação turística, gastos e geração de empregos

Há dados disponíveis a respeito dos ciclos econômicos de curto e médio prazo criados pelas áreas funcionais turísticas analisando-se a geração de lucros e empregos e também a atividade econômica dessas áreas turísticas urbanas após o final das obras. Esses dados oferecem um vislumbre acerca dos custos e benefícios que existem no processo de criação de uma área turística. A geração de lucros e de novas oportunidades de emprego é o resultado direto da atração de turistas e seu dinheiro para a cidade como um todo ou para bairros específicos, e ambas estão subordinadas às interligações e relações entre os setores pertencentes à economia local e também ao "fluxo" de dinheiro na economia que resulta dessas interligações. Estabelecer vínculos entre negócios de turismo nas áreas turísticas pode estimular a economia e gerar oportunidades de emprego e atividades empreendedoras entre os moradores, muito por conta do conceito de economias aglomeradas.

Economistas ressaltam que a aglomeração de economias ocorre quando a localização de qualquer unidade econômica depende da localização das demais unidades (Heilburn, 1981). Já Jansen-Verbeke e Ashworth (1990) sugerem que tal aglomeração ocorre quando se estabelecem interligações espaciais e funcionais em uma localidade turística. Por exemplo, segundo Ashworth e Tunbridge (1990, p. 65), "restaurantes e outros estabelecimentos que combinam comida e bebida com outros tipos de entretenimento [...] tendem a se amontoar em ruas ou bairros específicos, o que pode ser chamado de "efeito *Latin-quarter*". Pearce (1998, p. 56) também comenta, em relação ao bairro de Ile de la Cité, em Paris, que:

> a concentração linear de lojas e serviços voltados ao turismo – lojas de suvenires, restaurantes, cafeterias e casas de câmbio [...] ao longo da Rue du Cloître Notre Dame e da Rue d'Arcole mostram que as forças de aglomeração atuam por aqui.

De acordo com dados locais, Pearce (1998) sugere que só o bairro atraiu 12 milhões de visitantes por ano em meados dos anos 1990; no entanto, as próprias atrações turísticas só receberam entre 187.393 e 567.545 visitantes (Pearce, 1998, p. 54). Em Amsterdam, as cafeterias que vendem *cannabis* atraíram outras áreas de negócios, e agora incluem estúdios de tatuagem e de *piercings* que oferecem seus serviços à mesma clientela, criando "algumas das centenas dessas lojas e estúdios que ocupam o centro histórico da cidade" (Terhost et al., 2003, p. 86).

Esse efeito de aglomeração foi percebido por Judd (1995), que levantou a hipótese de que as economias de aglomeração se aplicam a bairros turísticos porque é necessário haver uma mistura de serviços e negócios para tornar o espaço físico o mais atrativo possível para os consumidores, além de diminuir os custos ou aumentar a eficiência do negócio em si. Conforme Hutton (2004) assinala, a aglomeração econômica no centro das cidades gera fortes laços bilaterais entre as firmas da indústria e as indústrias de apoio situadas no próprio local ou na vizinhança. A criação de distritos ou aglomerações turísticas traz inúmeras vantagens, visto que elas possibilitam o compartilhamento de infraestrutura, transporte público e vias de acesso, e também fazem com que os recursos ou produtos turísticos ganhem em visibilidade pública (Rogerson & Kaplan, 2005, p. 219). Além disso, a proximidade física desses produtos turísticos oferece aos visitantes uma chance de realizar inúmeras atividades em um período reduzido de tempo (Law, 2000). Montgomery (2003) ressalta, em sua discussão acerca dos fatores que levam um bairro cultural ao sucesso, que utilidades complementares para o dia e para a noite, uma economia noturna forte, e uma diversidade de usos territoriais são aspectos importantes a se considerar quando se pensa em criar um bairro cultural ativo e que atraia turistas. Portanto, um grupo ou aglomeração de recursos turísticos pode aumentar sua atratividade, mais até do que operadores individuais, o que ajuda a potencializar a visitação, os gastos dos visitantes e a geração de empregos.

Em algumas cidades, um grupo de atrações ou atração individual pode ser capaz de aumentar não só a visitação à área turística, mas à região em si. A construção do Museu Guggenheim, em Bilbao, norte da Espanha, é parte de uma estratégia para atrair turistas, negócios e empregos à cidade. Dados iniciais dão conta de um aumento de 28.989 chegadas à cidade, das quais 34% são de estrangeiros (Plaza, 2000). No entanto, análises mais sofisticadas que levaram em consideração fatores externos estimaram que o aumento no turismo da região decorrente da inauguração do Guggenheim chegou a 58%, e que pernoites no País Basco também tiveram um acréscimo de 54% pela mesma razão, no período de outubro de 1997 a julho de 1999 (Plaza, 2000, p. 1.057).

Atrações principais, como o Moulin Rouge em Montmartre, em Paris, ajudam a atrair visitantes aos bairros em que estão situados. A Tate Modern Art Gallery, localizada em South Bank, Londres, atraiu 5,25 milhões de visitantes em seu primeiro ano de funcionamento (Kennedy, 2001). Isso fez com que redes internacionais de hotéis, galerias de arte e casas de espetáculos e eventos se mudassem para a área (Teedon, 2001; Hutton, 2004) a fim de também tirar vantagem desses números positivos. Esses benefícios econômicos também são discutidos com relação ao bairro de Temple Bar, em Dublin – estimativas dão conta de que a região foi responsável pela geração de dois mil empregos em 1996, um aumento de 300% em comparação a 1991, quando as obras de revitalização e construção dos hotéis, lojas e centros culturais tinham acabado de ser concluídas (Montgomery, 2003).

Em Canberra, na Austrália, atrações na área turística da "Zona Parlamentar" foram responsáveis pela maioria dos visitantes que vieram para as férias ou a lazer (Ritchie e Dickson, 2006). Mais adiante, a pesquisa indicou que 62,6% dos turistas que foram para lá tinham sido motivados a fazê-lo por conta das atrações do local; 38,5% falaram que teriam ido a outro lugar, não fosse por elas. Os autores sugerem que a proximidade espacial das atrações foi um fator decisivo para aumentar o apelo do local sobre os turistas. Aplicando dados referentes à média de despesas por visitante a dados secundários, os autores chegaram à estimativa de que 256 milhões de dólares de despesas diretas podem ser atribuídas às atrações, e cerca de 99 milhões de dólares não teriam sido arrecadados anualmente caso elas não existissem (Ritchie e Dickson, 2006). 33% das despesas totais foram em hospedagem; 30% em alimentação; e 17% em compras externas às atrações do local.

Segundo Kent et al. (1983), os turistas gastam mais com compras do que com hospedagem e alimentação! Em 2000, a *Travel Industry Association of America* descobriu que 63% de todos os viajantes incluíam as compras como parte de sua atividade turística (Gentry, 2001). *Shoppings* e localidades próximas à água também oferecem "[…] uma alternativa de instalações para compras e lazer inserida em um ambiente portuário pós-moderno, onde os visitantes (sejam locais ou turísticos) com certeza vão encontrar algo em que investir seu tempo e dinheiro" (Dodson e Killian, 1998, p. 158). Moscardo (2004) assinalou que 29% dos turistas que iam ao extremo norte de Queensland (Canadá) disseram que a parte do comércio era um fator importante ou muito importante na hora de decidir o destino de suas viagens. Nesse aspecto, visita-se tanto *shopping centers* quanto mercados locais e lojas de artesanato. Os turistas que levam as compras realmente a sério, para quem as compras são importantes e faziam aquisições tanto nos mercados cotidianos quanto em lojas de artesanato, representaram 41% dos entrevistados. Esse tipo de comprador teve maior tendência a mencionar a importância da vida noturna/entretenimento, dos restaurantes de alta qualidade, de uma área de lazer, e também estava mais propenso a participar de passeios comerciais e turísticos, o que indica uma possível ligação e valorização entre as áreas turísticas de compras e os visitantes.

No caso de Paris, aproximadamente 20% dos gastos dos hóspedes de lazer parece ser em compras. Os espaços físicos entre grandes atrações turísticas – como a Opera e o Louvre (**Figura 7.2**) – foram identificados como sendo pontos de compra primários para os turistas que andam a pé pela cidade. Na região, há ruas que se especializam em artigos de luxo, como perfumes, roupas e acessórios (Pearce, 1998). Segundo Getz (1993b), a concentração de lojas especializadas, junto com os serviços de entretenimento e gastronomia, é o que define as vilas de compras turísticas – pequenas comunidades que atraem visitantes por conta de suas oportunidades relativas ao comércio e suas conveniências culturais ou naturais. Exemplos disso incluem St. Jacobs, em Ontário, no Canadá – estima-se que mais de um milhão de pessoas visitem o lugar todos os anos, levando entre 15 milhões e 20 milhões de dólares à economia do vilarejo (Mitchell et al., 1998). Em Amsterdam, no "bairro da *cannabis*" que fica dentro da área turística central da cidade, estima-se, segundo Terhorst et al. (2003), que 50% das drogas leves sejam vendidas a turistas estrangeiros.

Figura 7.2 — Área funcional turística do Louvre, Paris

Os "mega *shopping centers*" também oferecem áreas funcionais turísticas que dão oportunidades de entretenimento, lazer e compras para seus visitantes. O West Edmonton Mall compreende sete grandes atrações turísticas, ruas temáticas, mais de 800 lojas, 26 cinemas, hotéis e centros funcionais, como um lago interno e um estacionamento externo para mais de 20 mil veículos (Timothy, 2005). As oportunidades de compras e lazer oferecidas pelo *shopping* atraem tanto turistas quanto moradores da região, com uma média de 35 milhões de visitantes por ano (Timothy, 2005). Dados indicam que o *shopping* é responsável por 23,5 mil empregos diretos. Alguns autores ressaltam que o lugar é uma das maiores atrações turísticas do Canadá, com números de visitação diária que ultrapassam 100 mil pessoas e um impacto econômico da ordem de 12 bilhões de dólares por ano (Finn e Erdem, 1995; Timothy, 2005). Ao contrário dos exemplos das vilas, como St. Jacobs, cerca de 40% a 50% dos visitantes do *shopping* vem de fora de Alberta, o que representa um número maior de visitas do que se encontra no Parque Nacional de Banff ou nas cataratas do Niagara.

De forma análoga, o Mall of America é visitado por cerca de 43 milhões de pessoas todo ano; desse montante, cerca de 10 a 15 milhões vêm de regiões que ficam a mais de 200 km de distância do *shopping*. Esses visitantes movimentam 1,6 bilhão de dólares por ano, com 8% desse total sendo contribuído por turistas estrangeiros (Mall of America, 2002, *apud* Timothy, 2005; Goss, 1999). O *shopping* tem seu próprio departamento de turismo, e organizadores preparam passeios turísticos pelas dependências do local, o que demonstra a importância do turismo para os *shoppings* (Goss, 1999).

O turismo comercial também ocorre nos países em desenvolvimento. Cohen (1995) descreve o aparecimento de aglomerações de comércio em regiões específicas da Tailândia, extensões reduzidas de estradas em uma cidade que oferecem produtos locais em pequenas barracas, lojas ou oficinas. O governo demonstra o reconhecimento da importância do comércio turístico ao criar um "centro cultural" para expor os produtos locais. Cohen (1995) acredita que esse fato vai ajudar a criar visitas turísticas mais regulares e organizadas. Em uma dessas "vilas comerciais", 200 trabalhadores estão empregados em fábricas da região, e 40% dos seus produtos são vendidos diretamente aos turistas, enquanto os 60% restantes são destinados à exportação (Cohen, 1995, p. 233).

Além disso, ele nota que "a facilidade com que os turistas podem observar a fabricação dos itens de forma direta, e a considerável variedade de produtos oferecida pelos vários estabelecimentos contíguos tornou algumas dessas vilas de estrada atrações turísticas por seu próprio mérito..." (Cohen, 1995, p. 234), criando ligações com a fabricação e a exportação de artigos a fim de auxiliar no desenvolvimento econômico da Tailândia.

Mercados noturnos também podem se situar dentro das áreas turísticas, e sua combinação de diversidade, negócios no local e atmosfera cordial são trunfos para atrair visitantes e convidá-los a comer, jogar, comprar ou vivenciar costumes e culturas autênticas (Hsieh e Chang, 2006). Para um levantamento, foram entrevistados turistas de Hong Kong que visitavam os mercados noturnos de Taipei (Hsieh e Chang, 2006). 88% dos entrevistados disseram que suas atividades de lazer prediletas naqueles ambientes era comer, seguida de compras do dia a dia (56%) e entretenimento (23%). Embora tenham sido coletados dados sobre a média diária de despesas dos visitantes, eles não foram divulgados no trabalho.

De acordo com Lau e McKercher (2004), turistas que voltam a Hong Kong se sentem mais motivados a fazer compras e visitar distritos comerciais do que aqueles que estão em sua primeira viagem ao local. No entanto, pesquisas feitas com a clientela das lojas situadas ao longo do Rio Singapura demonstraram que apenas 25% dos negócios tinham nos turistas estrangeiros mais de 50% de seus clientes; para a maioria dos estabelecimentos (63,6%), os clientes eram, em grande parte, de Singapura mesmo (Savage et al., 2004, p. 220).

Conforme Pearce (1998) sugere, os serviços e atrações voltadas a viajantes localizados nas áreas turísticas tendem a se espalhar pelas ruas adjacentes e bairros centrais; como exemplo disso, pode-se citar o desenvolvimento do turismo de motivação sexual no bairro de Pigalle, em Paris. Judd (1995) chamou essas áreas de "bacanais[3]": são áreas que consistem em casas de *striptease*, bares com *shows* de *topless*, e lojas que vendem artigos sexuais e pornografia. Exemplos bem conhecidos desse tipo de lugar são o French Quarter em Nova Orleans; a Rush Street em Chicago; a North Beach em São Francisco; o Red Light District em Amsterdam; e King's Cross em Sydney.

Um setor que costuma ser ignorado na análise dos benefícios econômicos das áreas turísticas é a economia informal. Camelôs, vendedores de rua ou ambulantes podem ter acesso a benefícios econômicos vendendo bens ou serviços a turistas, seja nas áreas turísticas, seja nos bairros. Não é atípico tais comerciantes operarem ilegalmente, visto que muitos não têm a licença que permite tal atividade. Timothy e Wall (1997) descobriram que os itens mais vendidos por comerciantes de rua em Yogyakarta, Indonésia, eram roupas e acessórios de couro. Pearce nota que em Paris, os vendedores itinerantes e os camelôs se posicionam se áreas próximas às principais atrações da cidade – como Notre Dame – e em bairros como Montmartre. Nos países em desenvolvimento, acredita-se que o setor informal represente uma parcela significativa da economia local (Henderson, 2000). Inclusive, há evidências que apontam para o fato de que alguns comerciantes de rua recebem mais do que a renda média da região onde vivem (Lynch, 1999) e têm êxito dirigindo negócios próprios (Ibrahim e Leng, 2003).

CUSTOS E PROBLEMAS ECONÔMICOS

Embora as áreas turísticas ofereçam economias de aglomeração que podem aumentar a eficiência dos negócios e atrair turistas e seu dinheiro, elas também podem ter efeitos econômicos negativos no ciclo econômico de curto e médio prazo. No entanto, é difícil obter dados acerca dos impactos negativos das áreas turísticas. Ainda assim, os turistas que vão a tais áreas podem influenciar os preços de bens e serviços localizados naquelas que afetam tanto turistas quanto moradores. Por exemplo, em

---

3 No original, *carousal zones*.

Montmartre, Paris, o crescimento do turismo gerou aumento de preços, queda na qualidade dos produtos e um acirramento na competitividade do comércio local (Pearce, 1998), efeitos esses que podem fazer com que o lugar adquira uma fama negativa e passe a receber menos visitantes.

Um dos problemas com o conceito de economias de aglomeração e a junção de instalações e serviços voltados ao turismo em áreas funcionais turísticas é que tais áreas normalmente se localizam nas áreas centrais da cidade; por conta dessa localização, elas podem criar enclaves econômicos cujos impactos em outras áreas são limitados. Temple Bar, em Dublin, é uma área que vem sendo criticada por estar muito na moda e ser popular – as críticas se concentram, em parte, na questão de que a remodelação e o *marketing* incansáveis feitos na área vieram às custas de investimentos em outras partes da cidade (Montgomery, 2004).

Os mega *shoppings* podem absorver dinheiro que teria sido gasto em outras partes da cidade, e assim reduzir os benefícios econômicos a serem recebidos por lojas de pequeno porte localizadas em áreas suburbanas. Conforme McCarthy (2002, p. 108) expõe, "tais efeitos de deslocamento são sentidos até em Baltimore, que costuma ser citada como o paradigma da revitalização urbana voltada ao turismo".

Com o passar do tempo, os moradores podem perceber que os benefícios econômicos e os impactos positivos propostos no princípio estão sendo distribuídos de forma desigual. Por exemplo, Ritchie e Inkari (2006) viram que os residentes de Lewes (Inglaterra) que moravam mais afastados do centro da cidade (a principal área turística local) perceberam como os benefícios econômicos eram mal distribuídos, e passaram a ficar desconfiados a respeito das vantagens do turismo. No entanto, aqueles que moravam nas proximidades do centro apoiavam mais a questão turística, embora percebessem congestionamentos de veículos e problemas para estacionar por conta da visitação cada vez maior ao local.

De forma nada surpreendente, há poucos dados disponíveis no concernente a áreas turísticas que fracassaram. Mas estudos sobre o impacto econômico de estádios concluíram que ele é limitado, e pode até ser negativo, ao substituir o gasto dos turistas por gastos de manutenção que saem da economia ainda mais rapidamente que o esperado por conta de vazamentos (Euchner, 1993, p. 71). Conforme notado por Richards e Wilson (2006), vários projeções no número de visitantes e receita com projetos culturais e de revitalização não se concretizam, o que acarreta mudanças nos projetos. De acordo com dados de 1991, cerca de 12 milhões de pessoas visitaram o South Street Seaport em Nova Iorque; por volta de 33% desses visitantes eram turistas, embora a receita governamental e a geração de empregos real tenham sido menores do que o previsto (Metzger, 2001). Foram prometidos aumento nos investimentos e maior número de subsídios públicos para reformular o lugar, depois que várias de suas lojas fecharam no primeiro ano de funcionamento e a "atração principal", o Museu Seaport, desistiu da parceria com o criador do projeto por conta do fraco retorno financeiro (Judd, 1995; Metzger, 2001). O "Quarteirão das Joias" de Birmingham foi considerado um fracasso por conta da falta de apoio por parte dos próprios joalheiros, por questões de segurança, tempo e falta de interesse (Fields e Humphreys, 2002), apesar de todo o investimento feito pelo setor público e privado.

Mesmo os negócios que atraem visitantes às áreas funcionais turísticas podem não conseguir todos os benefícios do dinheiro movimentado pelo turismo. Por exemplo, o setor de atrações turísticas de Canberra foi responsável por somente 7% das despesas diretas dos seus visitantes, apesar de 63% deles terem declarado que as atrações foram importantes ou muito importantes em sua decisão final de ir até a cidade (Ritchie e Dickson, 2006). Nesse sentido, apesar de essas áreas se beneficiarem com o aumento do número de visitantes por meio das economias de aglomeração, é difícil captar as vantagens financeiras que nascem dessa atratividade. Além do mais, empreendedores locais podem acabar tendo de sair das áreas turísticas, por conta do aumento exagerado de aluguéis e outros custos relativos a se manter um negócio à medida que a demanda dos turistas aumenta e a concorrência se torna acirrada.

CICLOS ECONÔMICOS DE LONGO PRAZO

Áreas turísticas como instrumentos de revitalização econômica

O conceito de *revitalização* inclui dimensões físicas (arquitetura e imagem) e sociais (qualidade de vida daqueles que vivem na região) (Page e Hall, 2003). O objetivo de longo prazo das cidades geralmente é incentivar o surgimento de áreas turísticas nas regiões centrais, a fim de que o desenvolvimento urbano criado possa se expandir para além dos limites originais da área. Conforme discutido anteriormente neste capítulo, tais áreas costumam ser criadas pelo setor público ou por meio de parcerias público-privadas. A abordagem se resume a promover crescimento físico ou revitalização na forma de projetos de grande impacto e visibilidade, que busquem causar efeitos consideráveis na imagem da cidade (McCarthy, 2002) (**Figura 7.3**).

Figura 7.3 — A estratégia de desenvolvimento de área funcional turística

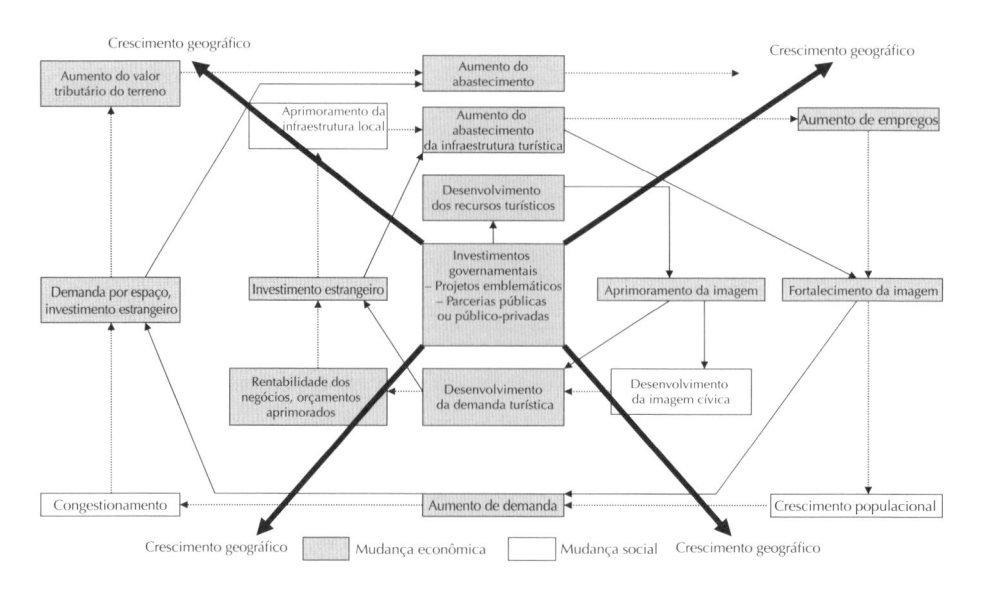

Fonte: Adaptado de Fields e Humphreys, 2002, p. 48.

Conforme Zukin (1999) sugere, a imagem é um importante componente da estratégia geral de divulgação das cidades aos investidores em potencial. Áreas turísticas com foco na cultura, entretenimento, esportes ou lazer são geralmente relacionadas à produção, consumo e criação de lugares interessantes. Montgomery (2003) argumenta que bairros culturais foram deliberadamente usados como modelos para revitalização urbana em áreas centrais decadentes porque eles auxiliam na consolidação de uma produção cultural (fabricação de objetos, bens e produtos, e prestação de serviços), bem como de um consumo cultural (pessoas indo a espetáculos, visitando galerias). A **Tabela 7.2** ilustra a proposta de espiral de desenvolvimento urbano associada às áreas turísticas, aquilo que Law (2002) chama de "estratégia de turismo urbano".

Tabela 7.2 — Abordagens da regeneração urbana lideradas pelo turismo

Atrações para visitantes
Novas atrações físicas, como construções de orla marítima, novos museus ou cassinos, usadas na atração de turistas
Atrações culturais
Expansão e uso de atrações culturais, como artes plásticas, teatro ou música, para atrair turistas
Eventos
Criação de novos festivais e atração de megaeventos, como grandes festivais ou eventos esportivos
Compras por lazer
Criação de novos complexos de comércio
Divulgação da cidade como possível sede de eventos
Atração de feiras, conferências e exposições nacionais e internacionais
Vida noturna
Incremento da vida noturna para atrair principalmente turistas mais jovens, a fim de criar uma cidade que não dorme
Atrações industriais
Requalificação / novo uso de estruturas industriais e pontos de venda relacionados
Gastronomia local
Promoção da cozinha local

Fonte: Baseado em Swarbrooke (1999, 2000) e Rogerson e Kaplan (2005)

Estratégias de revitalização foram usadas em vários destinos urbanos no mundo ocidental. Na Austrália, Sydney reformulou sua antiga área de orla marítima (Darling Harbour) lançando mão de atrações culturais: o National Maritime Museum, um complexo de aquários, e o Powerhouse Museum. Melbourne, sua adversária turística, desenvolveu uma estratégia semelhante ao longo do rio que corta a cidade. Projetos de grande porte como esses são usados para estimular mais desenvolvimento por meio de economias de aglomeração, como no caso da construção de centros de eventos, que podem atrair hotéis e outros serviços turísticos para suas imediações. Segundo o que fala Montgomery (2003) sobre os bairros culturais, várias casas de eventos e galerias se desenvolveram organicamente por meio do investimento de empreendedores, ou então foram plantadas estrategicamente como parte do projeto de revitalização da área pelas parcerias público-privadas.

Law (2002) sugere que tais locais sejam chamados de "âncoras do setor público", e nota que Baltimore já tem quatro: um aquário, um museu de ciências, um centro de convenções e Harborplace, uma área de comércio (que recebeu grandes subsídios públicos). Baltimore transformou seu porto ao substituir prédios abandonados por instalações turísticas. Harborplace é um pavilhão translúcido de dois quarteirões de comprimento que foi inaugurado em 1980 e gerou 42 milhões de dólares no seu primeiro ano de funcionamento (Judd, 1995). Entre 1980 e 1986, o número de visitantes e de quartos de hotel na região triplicou; em uma década, estima-se que 15 milhões de pessoas visitaram o local (Judd, 1995). Investimentos privados começaram a entrar, e entre os anos 1980 e 1990 o projeto continuou a expandir a revitalização, ao atrair os times de beisebol e de futebol americano da cidade (Orioles e Ravens, respectivamente). No final dos anos 1990, mais atrações foram abertas ao público, e o centro de convenções ganhou um anexo. Segundo Law (2002), o local atraiu 2,9 milhões de turistas que passaram uma média de 3,3 dias na região em 1999.

Partes dos antigos enclaves étnicos de Chinatown e Little India em Singapura foram preservadas e utilizadas em projetos que combinam reformulação e reutilização adaptativa, e hoje são importantes áreas turísticas de lá (Henderson, 2003), oferecendo experiências marcantes. Em São Francisco, o interesse turístico no bairro de Chinatown foi imprescindível para que os sino-americanos pudessem desfrutar de uma duradoura estabilidade econômica (Page e Hall, 2003). Hutton (2004) sugere que conveniências culturais e ambientais são importantes na hora de se implementar a revitalização de uma área. Ele também ressalta que um importante efeito colateral da revitalização é a demanda por restaurantes, cafeterias, lojas, galerias, instalações de recreação e afins por conta da revitalização dos distritos industriais das regiões centrais da cidade (Hutton, 2004, p. 99).

De acordo com Hall (2004), apesar de algumas dúvidas, várias cidades embarcaram na tendência de realizar investimentos em larga escala no esporte, associando-os a estratégias de revitalização normalmente ligadas ao fato de virem a sediar algum grande evento esportivo – como os Jogos Olímpicos (Sydney, Barcelona **Figura 7.4**) ou os Jogos da Comunidade Britânica (Manchester, Melbourne) – ou estão construindo infraestrutura para poder sediar competições esportivas.

Figura 7.4 — Desenvolvimento da orla de Barcelona estimulado pelas Olimpíadas

De acordo com Jones (2001), algumas cidades se concentraram nos efeitos positivos da cobertura da mídia, na visibilidade internacional e nos investimentos de fora em vez de atenderem às necessidades de times e esportes locais em geral. Conforme Logan e Molotch (1987) sugerem, times esportivos são um diferencial para as cidades, tendo em vista sua forte imagem para com o público e o número de pessoas que eles podem atrair. Gratton et al. (2000) notam que servir de sede para grandes eventos esportivos gera um aquecimento da economia por meio da construção de instalações e do desenvolvimento da infraestrutura em geral, além de o próprio evento trazer benefícios. As instalações construídas também podem ser usadas para outros eventos, além de oferecerem atividade econômica adicional e emprego para os moradores da região.

Ritchie e Hall (1999) sugerem que a candidatura de Manchester para sede dos Jogos Olímpicos de 2000 foi vista como uma possibilidade de se resolver um dos "problemas da região central" da cidade. A **Tabela 7.3** mostra alguns dos impactos de longo prazo que são esperados após o êxito na candidatura e na realização dos Jogos da Comunidade Europeia de 2002. Barcelona usou os Jogos Olímpicos de 1992 para revitalizar uma zona costeira abandonada, desenvolvendo uma nova marina, instalações voltadas ao lazer e faixas de areia (Essex e Chalkley, 1998).

Tabela 7.3 — Revitalização e planos de reestruturação urbana em longo prazo de Manchester, surgidos como resultado de sediar os Jogos da Comunidade Europeia de 2002

Revitalização
40 hectares de terra reclamados para a construção de Sportcity (no nordeste de Manchester), que, após os jogos, se tornou Instituto do Esporte para treinamento e desenvolvimento esportivo

Instalações para uso esportivo e local
Complexo de piscinas usado para treinamento, pesquisa e lazer da comunidade
Estádio City of Manchester (financiado pela Sport England (77 milhões de libras) e pelo Conselho Municipal (26 milhões de libras), hoje o estádio do Manchester City
Instalações de atletismo, *squash* e tênis, que podem ser usadas por competições de clubes locais e regionais

Instalações turísticas
Revitalização de Salford Quays, incluindo o Lowry Museum, o Imperial War Museum North e um centro de artes
Novo centro de convenções (que sediou a competição de halterofilismo)

O desemprego na cidade caiu durante e após as Olimpíadas: de 128 mil, passou a 78 mil, principalmente por meio da implementação de novos negócios como resultado da revitalização (Standeven e De Knop, 1999). Hotéis adicionais atraíram mais turistas para a área, o que aqueceu a economia da cidade. A Vila Olímpica de Barcelona contava com dois mil apartamentos, três parques, escritórios e um centro de eventos, que também representaram lucros para a economia urbana (Standeven e De Knop, 1999, p. 193). Balsas (2004) nota que são várias as cidades que estão usando construções comerciais, culturais e de entretenimento para repovoar áreas centrais abandonadas.

Cidades menores também usam eventos como catalisadores de estratégias de revitalização de suas áreas centrais ou de orla marítima. Por exemplo, Southampton, na Inglaterra, está se inspirando em seu passado de cidade portuária, e sediando eventos esportivos em prol da revitalização de suas marinas abandonadas, reformulando-as para receber tais eventos.

Em termos de revitalização física, muito já foi feito para embelezar a área central da cidade: parques foram restaurados, uma área de pedestres foi recuperada e o transporte público passou por melhorias. A construção do Estádio St. Mary e sua ligação com a orla já gerou cerca de 12 milhões de libras em revitalização da St. Mary's Street, atraiu um hotel da rede Travel Inn no valor de sete milhões de libras, e hoje é um dos mais populares centros de eventos e hospitalidade na costa sul do país (Conselho da Cidade de Southampton, 2003). Entre 1999 e 2001, a cidade recebeu 2,8 milhões de libras em dinheiro vindo de turistas. Em 2000, pela primeira vez na história, o setor de hospedagem gerou 700 milhões de libras em receitas para a comunidade (Conselho da Cidade de Southampton, 2003).

Em alguns lugares, as zonas de orla (antigos pontos ocupados por portos ou pela indústria) foram identificadas como sendo culturalmente importantes, e preservadas para uso turístico e local (Hoyle, 2001). Na Inglaterra, cidades como Liverpool criaram atrações turísticas culturais junto a suas áreas de orla e portuárias, com o intuito de fomentar sua revitalização; exemplos são o Museu da História dos Beatles e o Museu Marítimo Merseyside. Outros depósitos abandonados viraram instalações de comércio, lazer e moradia. Esse trabalho começou nos anos 1980, com considerável apoio nacional (Judd, 1995).

Em Londres, a margem sul do Tâmisa foi reformulada recentemente, com a recriação do Globe Theatre, de Shakespeare, a construção da Tate Modern Gallery e de áreas comerciais, restaurantes e prédios residenciais. Hoyle (2001) indica que, em um esforço para modernizar suas economias, essa revitalização de zonas de orla vêm ocorrendo também nos países emergentes, por motivos de reformulação urbana e preservação. No entanto, ele admite que isso ainda não é uma prioridade nesses lugares. As operações de embelezamento e limpeza são necessárias para se criar áreas livres de poluição, e são investimentos caros pagos pelo governo para incentivar a participação das empresas privadas. Um exemplo disso são os avanços promovidos no Rio Singapura (Savage et al., 2004).

CUSTOS ECONÔMICOS E PROBLEMAS

Os custos em longo prazo associados à criação de áreas funcionais turísticas são alvo de debates acalorados. A questão é problemática por causa dos custos de oportunidade relativos ao uso de áreas funcionais turísticas como trampolim para se atingir objetivos mais amplos, como revitalização ou reestruturação urbana. Além disso, a escassez de dados a respeito dos custos e benefícios em longo prazo de tais projetos também atrapalha. Essa escassez, em conjunto com a natureza demorada dos processos de (re)paginar e (re)qualificar a área central de uma cidade dificulta qualquer avaliação econômica. Como disse Hoyle (2001), os custos são altos, o progresso é lento e o retorno em investimento não é imediato.

Hall (2004) assinala que o uso do esporte ou da criação de áreas turísticas voltadas ao esporte como instrumento de revitalização é algo que gira em torno dos benefícios externos (orgulho cívico, opções de turismo e de lazer, por exemplo). Entretanto, no contexto da revitalização liderada pelo turismo esportivo, ele lembra que não há evidência empírica que comprove os benefícios em longo prazo. Coalter et al. (2000, pp. 6-7) concluíram que:

> há poucas evidências quanto aos efeitos, em longo prazo, das estratégias de revitalização econômica pautadas nos esportes [...] em especial, há escassez de dados sobre o efeito de revitalização que os esportes têm nas comunidades.

Ao discutirem Greektown, uma área de Detroit, Judd e Swanstrom (1998, p. 370), dizem que os novos restaurantes e construções voltadas ao turismo representam "ilhas em um mar de decadência". Isso pode ocorrer quando aglomerações ou áreas turísticas *induzidas* são criadas pelo governo ou pela iniciativa privada.

Há quem argumente que os bairros culturais e as áreas turísticas esportivas são apenas outro modo de se aumentar ainda mais os valores imobiliários nas áreas urbanas remodeladas, e isso sem oferecer grandes benefícios aos moradores (Evans, 2003; Montgomery, 2003; Hall, 2004). Sobre Lamu, no leste da África, Hoyle (2001) sugere que o crescimento do turismo urbano de orlas marítimas pode apresentar uma justaposição de turistas ricos e moradores aparentemente pobres, o que poderia causar problemas socioculturais.

Rosentraub et al. (1994, p. 225) notou que "é bastante difícil, quando não impossível, separar a estratégia esportiva dos elementos não esportivos do programa de desenvolvimento de um centro urbano". Embora a estratégia "tenha gerado um número considerável de empregos no setor de hotelaria e serviços" (Rosentraub et al, 1994, p. 225), os pesquisadores calculam que os esportes tenham gerado apenas 0,32% de todos os empregos na economia de Indianápolis (um aumento de 0,03%); as folhas de pagamento relativas a empregos voltados para o esporte responderam por menos de meio por cento de todos os pagamentos efetuados a trabalhadores em Indianápolis. A demanda local por mão de obra pode requerer profissionais altamente qualificados, muitos chamados de fora do mercado local de trabalho, como no caso da *SportCity* de Manchester e sua área turística projetada.

Criticar tais estratégias pode fazer com que os moradores da região sejam considerados "traidores", de acordo com McCarthy (2002); por essa razão, os benefícios eram tidos como "óbvios". Isso acontece porque a elite das cidades ou os políticos costumam estar envolvidos nessas estratégias de revitalização abrangendo cultura ou lazer, o que provoca um desequilíbrio na igualdade, justiça e inclusão social, conforme indicado por Newman (2002) em respeito a Atlanta e seus cidadãos negros.

A reprodução em série das áreas funcionais turísticas urbanas – que geralmente consistem em museus e zonas de orla marítima de natureza semelhante – é considerada um problema delicado no desenvolvimento de áreas turísticas. De acordo com Zukin (2004, p. 8, *apud* Richards e Wilson, 2006, p. 1210), "as chamadas cidades culturais dizem ser diferentes, mas reproduzem as mesmas instalações encontradas em outros lugares". Judd (1995) e Newman (2002) afirmam que, salvo raríssimas exceções, a estratégia de turismo para áreas urbanas centrais se tornou um fenômeno incrivelmente padronizado nos EUA, algo simplesmente banal e tedioso.

Por exemplo, o Cox Group, da Austrália (responsável pelo King Street Wharf em Darling Harbour, Sydney) foi quem contribuiu com o processo de desenvolvimento do Rio Singapura em 2001 (Savage et al., 2004). Foram inúmeras as cidades que copiaram as estruturas de orla construídas em Baltimore, enquanto nos EUA, o processo de remodelação acabou com a maior parte dos clubes de sexo nas grandes cidades do país, garantindo que elas "pareçam tão assépticas quanto um *shopping*" (Judd, 1995, p. 185).

Em parte, isso pode ser por conta da teoria de regulamentação (Hoffman et al., 2003), por meio da qual os governos regulam e criam uma área turística que gera previsibilidade e segurança para o visitante, mas também desinfeta o lugar, tornando-o banal. As sensações de previsibilidade e segurança podem necessitar de investimentos em vigilância e policiamento para reduzir o número de crimes e fazer com que o turista se sinta à vontade na cidade. Judd (2003, p. 29) formula que esses enclaves turísticos existem para controlar seus habitantes por meio de quatro parâmetros principais: desejo, consumo, movimento e tempo.

> O desejo e o consumo são controlados pela promoção e pelo *marketing*. O tempo e o movimento são confinados (por corredores, portas giratórias e roletas, escadas rolantes, túneis e metrôs) e monitorados (por câmeras de segurança e guardas). O uso do tempo também é restrito pelo agendamento de espetáculos e por características físicas como a disponibilidade ou não de assentos e de lugares para encontros. As experiências e produtos oferecidos combinam homogeneidade e heterogeneidade – bastante do primeiro para passar uma sensação de conforto e familiaridade, bastante do segundo para provocar surpresa e instigar o senso de novidade.

Sendo assim, não é surpresa que tais lugares possam perder seu charme especial, sua história e cultura, e, por consequência, sua viabilidade econômica em longo prazo – justamente por conta dessa regulamentação excessiva. Além disso, as áreas funcionais turísticas que dependem de atrações "principais" e "âncoras de setor público" para servir de imagem e marca registrada podem perder esse apelo à medida que essa marca se espalha e a imagem se dilui. Por exemplo, o Museu Guggenheim se espalhou pelo mundo e se instalou em lugares como Berlim, Bilbao e Las Vegas (Evans, 2003). O número de visitantes em Bilbao caiu de 1,3 milhão no primeiro ano para 875 mil em 2003, enquanto o original, em Nova Iorque, também enfrentou queda no número de visitantes e corte de funcionários (Richards e Wilson, 2006).

Projetos de revitalização pautados na cultura com foco na área urbana central podem reforçar desigualdades de desenvolvimento. Por exemplo, ao tratar da dimensão e natureza da revitalização via cultura em Paris, Evans (2003) assinalou que a estimativa para os projetos principais em Paris é de consumirem 58% do orçamento nacional destinado à cultura, enquanto as zonas suburbanas ficam desassistidas. Balsas (2004) relata que, no caso de Porto, Portugal enfatizou demais a questão de atrair dinheiro público para revitalizar o espaço público, mudando a infraestrutura e modernizando instalações culturais à custa do desenvolvimento de capacidade institucional e do incentivo da criatividade civil local. Em muitos casos, os benefícios e custos econômicos reais só serão conhecidos após décadas.

A análise de custo-benefício deve ser usada para examinar os custos e benefícios diretos e indiretos envolvidos na criação de áreas funcionais turísticas em seus três principais ciclos econômicos: construção/requalificação urbana da área; ciclo econômico de curto e médio prazos e ciclo econômico de longo prazo. A análise também deve incluir custos e benefícios privados e sociais (Tribe, 2005), especialmente quando se leva em conta que os governos lideram as ações de desenvolvimento e manutenção de áreas turísticas nas regiões centrais das cidades. No entanto, de acordo com Newman et al. (2003), medir ou transformar benefícios sociais em dólares é um processo difícil e complexo.

CONCLUSÃO

Este capítulo delineou e discutiu os possíveis custos e benefícios econômicos relativos às áreas turísticas urbanas. A aglomeração de instalações e serviços que atraem turistas urbanos também oferece um ambiente interessante para os moradores, o que dificulta as medidas de separação e análise isolada do valor ou custo do turismo quando associado a esses lugares. Ainda assim, reconhece-se neste capítulo que ainda há o que descobrir quando se examinam custos e benefícios de construção associados às áreas funcionais turísticas, e também impactos econômicos em curto, médio e longo prazo que aparecem após a conclusão da obra. Áreas turísticas podem atrair visitantes e seu dinheiro, o que leva a um aumento de renda e de geração de empregos para a cidade. No entanto, as economias de aglomeração atreladas às áreas turísticas podem também causar aumento de preços, inflação e contribuir para desigualdade em termos de desenvolvimento econômico.

Neste capítulo também se discutiu os possíveis benefícios econômicos associados à utilização de áreas turísticas para revitalizar as regiões centrais da cidade, bem como sua contribuição para os ciclos econômicos de longo prazo. No entanto, a criação de áreas turísticas costuma focar as áreas centrais que fazem fronteira com o centro financeiro das cidades, enquanto ignoram – e por vezes marginalizam – outras partes. À medida que as cidades procuram afirmar sua identidade e buscam se vincular a um duradouro valor de marca, o paradoxo é que muitas deles simplesmente reproduzem estratégias utilizadas por outras cidades.

Planejadores urbanos e o governo precisam avaliar, de forma cuidadosa, os possíveis custos e benefícios das áreas turísticas usando a análise de custo-benefício para garantir que os subsídios a serem oferecidos são merecidos, e que as projeções relativas aos benefícios econômicos não estão inflacionadas. É preciso também encorajar o uso misto de territórios nas áreas turísticas, para que moradores e turistas possam usar o espaço de dia e de noite, a fim de se criar um ambiente mais interessante e economicamente viável. Isso requer antevisão na hora de se planejar o ambiente em sua forma construída. Além do mais, vazamentos econômicos têm de ser limitados por meio do incentivo a empreendedores locais, e também da garantia de se usar mão de obra local na construção das áreas turísticas.

Por fim, é preciso realizar mais pesquisas acerca da contribuição econômica das áreas turísticas e dos custos e benefícios associados à sua criação. Tais informações poderão ajudar a explicar se essas áreas realmente ajudam a cidade a atingir seus objetivos de médio ou longo prazo, ou se simplesmente exacerbam os problemas econômicos já existentes.

CONSTRUINDO EXEMPLOS BRASILEIROS

A determinação do impacto econômico das áreas funcionais turísticas é tão ou mais difícil que a identificação do impacto da atividade turística na economia de uma determinada cidade. Este capítulo destaca a urgente necessidade da seleção de uma metodologia, em nível local, que possa estimar a importância da atividade, para subsidiar decisões futuras sobre a construção de atrativos que estruturem áreas funcionais em seu entorno.

O desenvolvimento de áreas funcionais depende, necessariamente, do empenho dos diversos interessados no turismo para que possam ter o apoio das autoridades públicas.

A iminente realização da Copa do Mundo e das Olimpíadas demanda recursos públicos na construção de diversos equipamentos que podem ser a base de novas áreas funcionais, mas, além do esporte, aspectos como cultura e entretenimento, compras e alimentação, sem dúvida atrairão interessados em investir, o que gerará emprego e aquecerá a economia local.

Quais serão os custos e benefícios sociais desse desenvolvimento?

Como a administração municipal de cada uma das cidades-sede pode estimular o desenvolvimento de áreas funcionais turísticas interessantes ao posicionamento de mercado que desejam?

E, por outro lado, sem a intervenção pública, é possível pensar em aglomeração de atividades que venha a se transformar em área funcional turística?

CAPÍTULO 8
A experiência do turista nas áreas funcionais turísticas

Martin Selby, Bruce Hayllar e Tony Griffin

INTRODUÇÃO

Neste capítulo, voltaremos nossas atenções à experiência vivenciada nas áreas funcionais turísticas pelos seus visitantes e outros consumidores de "lugares". Ao passo que a área turística propriamente dita tenha sido já bem investigada pelos pesquisadores do turismo urbano – em especial sob perspectivas econômicas, geográficas e de planejamento –, a experiência pela qual os turistas passam nesses espaços foi um tanto quanto ignorada.

Neste capítulo, será feita uma breve análise das pesquisas já feitas sobre a vivência em áreas turísticas tendo como base uma série de perspectivas disciplinares. A partir desse ponto, lançando mão da geografia cultural e da fenomenologia, a experiência nas áreas turísticas será examinada e teorizada com mais detalhes.

PESQUISAS SOBRE AS ÁREAS TURÍSTICAS URBANAS

Desde que Ashworth e Tunbridge (1990) realizaram sua pioneira análise das cidades turístico-históricas, as áreas funcionais turísticas urbanas têm sido alvo de uma atenção cada vez maior na bibliografia do campo. No entanto, de forma semelhante ao primeiro estudo, a ênfase dessas pesquisas é a gestão de demanda e de visitantes, em vez de se focar a experiência propriamente dita dos visitantes (como exemplo, Laws e Le Pelley, 2000). Como assinalado por Pearce (2001), espaços os mais diversos – como zonas de reformulação urbana, espaços sacros, distritos de lazer e entretenimento e bairros turísticos funcionais – têm atraído os olhares dos pesquisadores.

As pesquisas em áreas reformuladas podem ser exemplificadas pelo trabalho de Mellor (1991), que oferece uma avaliação crítica da *waterfront* de Liverpool, Inglaterra.

Seguindo essa tendência, Craig-Smith e Fagence (1995), em um estudo com enfoque internacional, examinaram o desenvolvimento de áreas funcionais turísticas levando em conta, principalmente, a recuperação de antigas áreas industriais erguidas junto à orla marítima, onde "um êxodo em massa das antigas zonas portuárias deixou toda uma grande infraestrutura para apodrecer" (p. 6).

Briggs (2000) descreve com entusiasmo as áreas funcionais turísticas étnicas, enquanto Ram et al. (2000) demonstram os problemas e contradições que se escondem sob a superfície do Balti Quarter, em Birmingham, Inglaterra.

As pesquisas realizadas sobre vivências turísticas em espaços sacros podem ser exemplificadas pelo fascinante relato de Edensor (2000) sobre o Taj Mahal. O estudo de Edensor é digno de nota em especial por identificar as formas como turistas das mais variadas culturas diferem em suas "*performances*" no local, tema esse que será retomado mais adiante.

Uma importante contribuição às pesquisas sobre a experiência turística nas áreas turísticas urbanas é o trabalho de Judd, que elaborou o conceito de "bolha turística urbana" (1999, p. 39), que seria uma área em uma cidade criada e gerida exclusivamente por turistas. Tal bolha compreende um cenário turístico meticulosamente formulado e administrado, e que pode também estar isolado dos problemas sociais e ambientais que afetam a cidade, como decadência estrutural, criminalidade e miséria.

O modelo de qualidade de serviço, desenvolvido por Parasuraman et al. (1985), teve bastante influência junto aos vários pesquisadores que se interessaram pela experiência vivida pelos turistas urbanos (por exemplo, Gilbert e Joshi, 1992; Page, 1995; Page, 1999). Bramwell (1998) explica que pode haver lacunas entre as expectativas dos turistas urbanos e suas impressões quando a experiência no lugar passar a acontecer. Isso pode acabar resultando em satisfação ou insatisfação com o local. Embora essa lacuna crucial se interponha entre as expectativas iniciais e a qualidade das experiências quando percebida no local, há quatro outras lacunas possíveis. Elas são influenciadas pela percepção que o administrador tem das expectativas dos visitantes, pelas especificações da qualidade de serviços, pelo fornecimento desses serviços, e pela comunicação externa com os visitantes. A abordagem de qualidade de serviço com relação à experiência reconhece que a imagem da localidade tem um papel importante na experiência vivenciada no ambiente urbano. Embora existam diferentes tipos de imagens (ver Selby, 2004b, pp. 69-73), parece que as expectativas são formadas não somente por intermédio de comunicações oficiais de *marketing*, mas também por meio de imagens "orgânicas" não oficiais. O último tipo, que geralmente compreende imagens impactantes e que ficam na memória, é formado por representações do destino em questão que aparecem em jornais, revistas, programas de TV, literatura, arte e afins.

Embora a abordagem de qualidade de serviço tenha o potencial de informar a administração e o *marketing* do destino turístico, ela também apresenta sérias limitações no que tange ao contexto da experiência em áreas funcionais turísticas urbanas. Há discussões, dentro da bibliografia na área de qualidade de serviços, sobre se essa abordagem realmente trabalha com expectativas, e as complicações só aumentam quando se aplica a análise de insuficiência aos destinos turísticos (ver Williams, 1998).

No âmbito de destinos turísticos, é difícil garantir que os construtos (ou atributos) são realmente importantes para grupos específicos de visitantes. Apesar de satisfação e qualidade de serviço influenciarem a experiência turística, elas estão longe de serem sinônimos. Pesquisadores culturais demonstram as complexidades inerentes à vivência do cenário turístico urbano, e autores como Crouch (2000) argumentam que a experiência nos destinos turísticos é surpreendentemente ativa, criativa e repleta de propósitos.

O CENÁRIO DAS ÁREAS FUNCIONAIS TURÍSTICAS URBANAS

A tradicional ênfase da geografia cultural em representações e cenários oferece alguns *insights* interessantes com relação à experiência em áreas turísticas urbanas. Os trabalhos mais recentes que abordam a "questão da *performance*" também podem ser úteis. Saber interpretar cenários e representações é fundamental para a experiência turística.

Um conceito central para os estudos culturais de representação é o "cenário como modelo textual", que empresta conhecimentos da linguística e da semiótica. A metáfora do texto é usada para conceituar a leitura tanto do cenário quanto suas representações (por exemplo, através da literatura, guias turísticos e mapas) como se fossem documentos. No âmbito do turismo, como Ringer (1998, p. 6) argumenta, a estrutura visível de um lugar expressa o apego emocional sentido tanto pelos residentes quanto pelos turistas, e também "as formas por meio das quais ele é imaginado, produzido, contestado e ratificado". Além disso, às vezes é a própria manipulação deliberada da história e da cultura feita nas áreas funcionais turísticas que acaba criando um ambiente único e atrativo.

A base desse modelo textual é a semiótica, uma área de conhecimento que busca entender o uso dos signos para a produção de significados. De acordo com os pioneiros do campo, como Sausurre (1966), o signo é composto de dois componentes: o significante e o significado. O primeiro é a expressão que carrega a mensagem; o segundo é o conceito que a mensagem representa. Adaptando isso para o contexto do turismo, Echtner (1999) explica uma versão mais socialmente orientada dessa teoria, que introduz a noção do "interpretante" para fechar o triângulo semiótico.

Autores como Urry (1990) e Culler (1981) frisaram que todos os turistas são, com efeito, semioticistas amadores, vasculhando cenários "em busca de sinais de algo francês, de uma postura tipicamente italiana, de paisagens orientais por excelência [...]" (Culler, 1981, p. 127). Isso sugere que as áreas funcionais turísticas são formadas por concentrações de sinais que representam histórias e culturas específicas. Por exemplo, em Hong Kong, na Lockart Road, o turista pode interagir com uma abundância de placas que representam experiências exóticas, "orientais" e hedonistas, tais como restaurantes, bares e *shows* de *striptease*. No entanto, isso vem acompanhado de um turismo eficiente e de alto nível, com uma ótima estrutura de transporte público (com o sistema MTR de trens), passarelas para pedestres, hotéis cinco estrelas e centros de eventos. Vale ressaltar, no entanto, que os sinais têm diferentes significados dependendo do receptor. O termo "comunidade textual" é útil para descrever grupos sociais que interpretam sinais de formas similares. Segundo Stock (1983, p. 294), diferentes comunidades textuais "organizam aspectos de suas vidas como se estivessem interpretando um roteiro".

INTERPRETAÇÃO DO URBANO

Urry (1990) convoca os pesquisadores a avaliar "o conteúdo típico do olhar do turista", e argumenta que as formas de ver dos turistas são socialmente organizadas e diferentes entre grupos sociais distintos. O olhar turístico é parcialmente estruturado pelas representações produzidas pelo setor turístico, tais como: materiais promocionais, guias e mapas turísticos. Pritchard e Morgan (2001) demonstram como, através dos sinais, a propaganda turística "orienta e influencia expectativas, e dessa forma fornece ao turista um cenário preconcebido para ele desvelar" (Weightman, 1987, p. 230, *apud* Pritchard e Morgan, 2001, p. 168).

Conforme demonstram pesquisadores como Watson (1991), Goss (1993) e Bramwell (1998), as áreas funcionais turísticas urbanas são divulgadas por meio da utilização de sinais que representam um cenário remodelado de alto nível (com restaurantes, bares e hotéis elegantes), patrimônio histórico, artes, festivais e identidades étnicas e regionais esterilizadas. Tais sinais costumam ser usados para neutralizar a imagem negativa atrelada a cidades que sofreram com a desindustrialização. Conforme Shields (1996, p. 231) argumenta, "uma nuvem de representações se coloca entre nós e até mesmo os objetos concretos que são elementos da cidade". Urry (2001) evoca Foucault (1977) e seu trabalho sobre vigilância, mas também admite que existem várias outras formas de se vivenciar um cenário turístico, incluindo aí as diferentes maneiras com que os corpos se deslocam nos destinos turísticos.

Algumas áreas turísticas usam sinais e símbolos de uma forma que acaba gerando a "hiper-realidade" descrita por Eco (1986). O uso de sinais e símbolos pelos criadores de áreas turísticas tem o potencial de criar cenários que aparentam ser mais "reais" do que os lugares que são representados por tais sinais. A Disneylândia é o exemplo clássico disso, mas os monólitos totêmicos de Las Vegas são um desafio às sensibilidades experienciais. As reconstruções dos templos "egípcios", do "Velho Oeste" e da "Inglaterra Vitoriana" criam um espetáculo hiper-real para os turistas urbanos. Tais experiências estão em consonância com a afirmação de Judd (1999) de que, cada vez mais, as cidades estão fabricando bolhas turísticas para entreter seus visitantes por meio da criação de espetáculos.

Curiosamente, vários locais históricos estão fazendo uso da hiper-realidade a fim de prender a atenção e entreter seus visitantes, mesmo que isso custe a autenticidade e a precisão histórica do lugar. Rojek (1997) e Ritzer e Liska (1997) argumentam que quanto mais a vida em uma área turística urbana se assemelha a uma "peça", maior é o apelo que ela exerce sobre o turista. Ironicamente, a hiper-realidade pode acabar por diminuir o apelo (e a aura) da forma real dos cenários que estão sendo simulados.

Foucault (1986) oferece uma visão ainda mais aprofundada sobre os sinais e os símbolos que formam uma área turística urbana. No artigo *Des espaces autres* ("De outros espaços"), ele discute locais "externos" socialmente construídos, que possuem uma função diferente da dos outros. Essa prática de justapor, em um ambiente real, vários lugares incompatíveis entre si é uma prática comum entre planejadores, criadores e profissionais de *marketing* das áreas turísticas urbanas (Foucault, 1986, pp. 23–25). Áreas turísticas ao redor do mundo incorporam épocas e lugares que são "simultaneamente representadas, contestadas e invertidas" (ibid., p. 24). Por exemplo, a área em torno de Boat Key, em Singapura, compreende: lojas chinesas convertidas em bares e restaurantes; o Distrito Colonial Britânico, que data de 1819; e o moderno centro financeiro. A região funciona ao mesmo tempo como área turística e parque de diversões para banqueiros. Os limites ficam ainda menos reconhecíveis à medida que os turistas correm para o Harry's Bar, o "local onde Nick Leeson, o homem que sozinho quebrou o Barings Bank, passou um tempo relaxando" (Richmond, 2004, p. 498).

REPRESENTANDO O URBANO

Pode-se argumentar que os cenários das áreas funcionais turísticas urbanas estão ficando cada vez mais "fantasmagóricos". Segundo a explicação oferecida por Benjamin (1979), "fantasmagoria" é um fluxo interminável de imagens que parecem assumir uma natureza mágica e espectral. Seja por meio de efeitos multimídia em locais históricos, seja pela criação de mitos e histórias de fantasmas, as cidades parecem interessadas em usar fantasmagorias para atrair e entreter visitantes. Pile (2005) demonstra que sonhos, magia, fantasmas e até mesmo vampiros fazem parte da história das cidades tanto quanto tijolos, cimento, concreto e asfalto. Em bairros turísticos como os de Nova Orleans, histórias envolvendo vodu e espíritos divertem os visitantes, ao mesmo tempo em que encobrem a brutalidade e o sofrimento a que a população negra foi (e é) submetida desde a época da escravidão. Pile também se inspira na análise de sonhos de Freud, uma abordagem inerentemente espacial em que o significado do sonho de um indivíduo não é fixo, mas depende da forma como esse indivíduo interpreta e junta todos os elementos (ou sinais) do sonho.

Claro que há limitações quando se confia demais no universo representacional (o visual) para entender melhor a experiência. Rojek e Urry (1997) argumentam que precisamos avaliar o uso de sentidos diferentes ao se vivenciar o turismo, e evitar favorecer demais o uso do visual. Veijola e Jokinen (1994) apontam que é fácil esquecer que turistas são "corpos desajeitados, frágeis, envelhecidos e dotados de sexo e raça". A área funcional turística urbana, portanto, é vivenciada por visitantes que fazem uso de sua imaginação e lembranças para reconfigurar o cenário, que é então vislumbrado por meio de um "caleidoscópio" (Crouch, 2000, p. 96). Crouch diz que o turismo envolve encontros com outras pessoas, e que um destino turístico é mais semelhante a um caleidoscópio e pátina do que a um cenário incorpóreo. Esse processo é também social, e leva a encontros compartilhados em áreas funcionais turísticas urbanas.

A abordagem "não representacional" para entender o turismo urbano também enfatiza práticas que não podem ser transformadas em palavras tão facilmente pelos turistas ou residentes. Tais práticas podem ser melhor compreendidas em termos dos estilos, ritmos, passos e gestos complexos realizados por diferentes grupos de pessoas nos ambientes turísticos. De acordo com Thrift e Dewsbury (2000, p. 425), há certos lugares em que práticas são executadas, celebradas e reforçadas. Ao que tudo indica, tal lugar – chamado de *vortex* – é bastante relevante para as áreas funcionais turísticas urbanas. Um ambiente turístico como a Praça de Jemaa El-Fna, em Marrakesh, Marrocos, reúne, em um mesmo lugar, turistas, moradores, comerciantes, mágicos, artistas de rua, encantadores de serpentes, cartomantes, falsos guias turísticos e mais uma porção de grupos. Além do mais, cada pessoa está representando o seu papel, como se seguisse um roteiro. Embora a "questão da *performance*" de locais como cidades históricas é que tenha recebido mais atenção da bibliografia da área (por exemplo, Bagnall, 2003), o argumento aqui apresentado é que é a área turística urbana que melhor exemplifica as ideias contidas no conceito de "economia de experiência", cunhado por Pine e Gilmore (1999).

A análise do cenário e da cultura das áreas funcionais turísticas urbanas oferece *insights* interessantes, mas as formas como as pessoas se encontram e agem dentro de ambientes turísticos é igualmente interessante. De fato, uma das críticas que se faz aos estudos textuais ou representacionais é que eles tendem a interpretar os cenários no interesse das pessoas, em vez de procurar entender como elas vivenciam esses cenários. Até mesmo estudos culturais não representacionais de ambientes turísticos foram acusados de criar novas metáforas enquanto ignoravam "as pessoas comuns que estão lá, simplesmente agindo" (Nash, 2000, p. 662). Os estudos culturais continuam a aumentar consideravelmente nosso entendimento acerca da experiência nas áreas funcionais turísticas urbanas, mas é necessário também focar em como os turistas interagem dentro desses ambientes.

VIVENCIANDO A ÁREA FUNCIONAL TURÍSTICA URBANA

Apesar do fato de que tanto turistas quanto moradores têm "[...] opiniões e sentimentos, desenvolvem seus próprios valores e fazem escolhas que afetam o cenário à sua volta" (Kaplan e Kaplan, *apud* Ringer, 1998), há poucos estudos humanistas no turismo urbano. Autores como Jamal e Hollinshead (2001) argumentam que a experiência do turismo foi gravemente ignorada. Uma exceção a essa tendência é o trabalho de Veijola e Jokinen (1994), que conceituou os turistas como atores sociais dinâmicos, que interpretam e incorporam a experiência, ao mesmo tempo em que criam novas realidades (inclusive o ambiente urbano) através de suas ações. Consequentemente, o destino turístico é "uma realidade negociada, uma construção social por um conjunto de atores decididos" (Ley, 1981, p. 219, *apud* Ringer, 1998, p. 5).

Apesar de o cenário das áreas funcionais turísticas urbanas ser de grande importância para a experiência, as interpretações dos cenários e representações variam consideravelmente entre indivíduos e grupos de visitantes. Por exemplo, se fôssemos analisar o cenário em Las Vegas e nos concentrássemos na tumba de Tutancâmon no Cassino Luxor, precisaríamos saber como os visitantes interagem e assimilam esse cenário, e não apenas ver as características pertencentes ao próprio cenário (ver Ryan, 2000). Pesquisadores como Crang (1997), em seu estudo de fotografias de turistas, também argumentam que não se pode sair separando as experiências e representações no turismo em dois grupos distintos. Os visitantes desempenham um papel ativo nos ambientes turísticos, juntando vistas (e lugares) em séries, como "as apreensivas manifestações do fazer" (Bourdieu, *apud* Crang, 1997, p. 365).

INDIVIDUALIZANDO A EXPERIÊNCIA URBANA

Durante algum tempo, Kelly (1955) teve grande influência sobre os pesquisadores interessados em experiência ambiental. Vários estudos se utilizaram da "teoria do construto pessoal", elaborada por Kelly. Segundo essa teoria, cada indivíduo pode fabricar eventos e o ambiente de inúmeras formas. Um dos métodos para se entender a forma como os turistas fabricam e entendem o ambiente à sua volta é pelo uso do método de rede.

Esse método foi usado em um estudo conduzido em áreas turísticas nas cidades de Cardiff (País de Gales), Edimburgo (Escócia) e Bristol (Inglaterra) (Selby, 2004a). As 60 entrevistas geraram quase 700 construtos usados para descrever os atributos mais importantes das áreas funcionais turísticas que eram investigadas. Embora os construtos sejam sempre bipolares, houve consenso a respeito de 11 atributos mais importantes. Os atributos positivos incluíram: "antigo/histórico", "arte e cultura", "único/interessante", "construções impressionantes" e "ótima atmosfera". Atributos de destinos turísticos que estragavam a experiência incluíram "perigoso/alta criminalidade" e "cheio/lotado".

Vários estudos realizados em sítios históricos sugerem que a emoção e a memória são importantes para a experiência turística. Bagnall (1998, 2003) se baseia no trabalho de Campbell (1987), que mostrou como as emoções forjam vínculos fundamentais entre as imagens mentais e o ambiente físico. O estudo de Bagnall (1998) de duas áreas históricas no noroeste da Inglaterra demonstrou como "o consumo é muito mais uma questão de sentimento e emoção do que de raciocínio" (Bagnall, 1998, p. 68). O estudo também revelou como os visitantes usam suas recordações e histórias de vida para aprimorar suas experiências.

Rojek e Urry (1997, p. 14) também demonstram a importância das recordações ao argumentarem que o presenciar concentrado de objetos e *performances* tem o efeito de despertar sonhos que funcionam como pontes entre o passado e o presente. Experiências passadas, nos âmbitos profissional, familiar e social (com todos os seus relacionamentos) foram apontadas por Bagnall (1998) como sendo instrumentos usados para se confirmar ou contestar as interpretações oferecidas pelos ambientes turísticos. O papel ativo do turista também é enfatizado por Crouch (2000, p. 96), que argumenta que o turista "imagina, brinca com lugares e seu conteúdo, remontando-os figurativamente, segundo suas próprias regras".

Essa natureza performática do turismo urbano é consistente com a visão apresentada por Bauman (1994, p. 29), que diz que "o propósito é a experiência inédita; o turista é um perseguidor consciente e sistemático de experiências, especialmente novas e diferentes". O conceito de caleidoscópio cunhado por Crouch (2000) também é útil, mostrando que as recordações são evocadas à medida que eventos e experiências diferentes se desdobram. Compreender a cidade envolve uma sensação de fazer; e, logicamente, as memórias são influenciadas por fatores sociais, tais como sexo e etnia.

CONCEITUANDO A EXPERIÊNCIA URBANA

É significativo o fato de escritores como Crang (1997), Ryan (2000), Fullager (2001), MacCannell (2001), e Hayllar e Griffin (2005) buscarem a fenomenologia para entender a experiência turística. A fenomenologia se preocupa com a forma como as pessoas vivenciam e compreendem o mundo, e ela sugere que nossa experiência em uma área turística é moldada de forma dialética (e dinâmica) por meio de nossas interações com as dimensões físicas e essencialmente humanas do espaço. Esse modelo interpretativo da fenomenologia deve muito à obra de Martin Heidegger (1927/1977). Segundo ele, a conceituação de uma experiência sempre tem como base uma experiência anterior, o que ele chamou de *pré-estrutura*. Ele argumenta que sempre que algo é interpretado, a "interpretação será fundamentada essencialmente na pré-posse, na pré-visão e no pré-conceito. Uma interpretação nunca é uma apreensão sem pressupostos daquilo que nos é apresentado" (Heidegger, 1927/1977, pp. 191–192).

De forma semelhante, Merleau-Ponty (*apud* Crang, 1997, p. 371) sustenta que a experiência deve ser entendida "de acordo com a forma com que nós nos estabelecemos no mundo, e a posição que nossos corpos assumem dentro dele". Segundo o mesmo autor (1962, p. xviii), os indivíduos nunca estão completamente cientes de suas redondezas (elemento objetivo) ou constituindo seu ambiente psicologicamente (elemento subjetivo). Ao invés disso, no contexto do turismo, é necessário olhar para o modo de existência dos turistas, e a forma como eles circundam um ambiente em torno deles mesmos. É isso que Merleau-Ponty descreve como sendo um "arco intencional" que "projeta ao nosso redor nosso passado, nosso futuro, nossa condição humana, nossa situação física, ideológica e moral" (ibid.). O conceito fenomenológico da "intencionalidade operativa" é útil para se entender as experiências turísticas, já que elas são "[...] aparentes em nossos desejos, nossas avaliações e nas paisagens que vemos, e de forma mais clara que em no conhecimento objetivo" (ibid.)

Existencialistas como Merleau-Ponty e Sartre (1969) sustentam que nossas percepções são moldadas em campos, e o conteúdo desses campos depende de como o indivíduo focaliza seu olhar. Isso, por sua vez, depende dos interesses predominantes do ator, tanto quanto os próprios objetos. Nossa percepção das áreas urbanas de turismo é, portanto, incorporada, e "imagens, vistas e atividades são todas interligadas por meio do movimento incorporado do observador" (Crang, 1997, p. 365). Isso sugere que aquilo que é importante nas áreas turísticas urbanas está intimamente ligado à intencionalidade operativa de cada turista.

Outra ideia sugerida por isso é que talvez se possa agrupar turistas levando em conta suas intencionalidades operativas. Desse modo, por exemplo, turistas visitando Amsterdam podem definir, circundar no seu entorno, um ambiente artístico e cultural, uma cafeteria com espaço para se fumar *cannabis*, ou mesmo uma casa de luz vermelha – como quiserem, dependendo de seus interesses predominantes.

Mas Merleau-Ponty revela outra implicação disso tudo para a experiência turística. A natureza em perspectiva do turismo, combinada com a falta de consciência acerca da perspectiva por parte de um indivíduo, significa que a experiência é baseada em perfis de objetos, encontros casuais e vislumbres de representações e cenários. Embora seja difícil de as autoridades e a indústria do turismo conseguirem regular tais encontros casuais, parece que a atmosfera, a receptividade e o estilo das áreas turísticas influenciam a maneira como os componentes individuais são percebidos. É o posicionamento de um indivíduo dentro de uma cidade, o olhar que ele lança sobre ela e sua receptividade a ela que determinam sua forma; e o turista reorganiza o que ele está vendo, para tornar o ambiente mais interessante e consistente com sua versão da história (ver MacCannell, 2001, p. 34). Nesse sentido, a experiência do visitante nas áreas turísticas se revela como uma relação dialética, na qual "formas de ver" individual e coletivamente ajudam a montar e remontar o mundo físico.

As representações das áreas funcionais turísticas, seja em guias ou em propagandas, ainda têm influência. Elas podem ter o efeito de direcionar aquilo que é produzido no destino em questão, conforme Urry (1990) sustenta. Ainda assim, os visitantes também contestam aquilo que está em oferta, usando seu próprio conhecimento, experiências e recordações (ver MacCannell, 2001). Conforme Sartre (1969, p. 11) demonstra, as expectativas com relação à cidade que não são correspondidas durante a visitação podem acarretar uma sensação de "não pertencimento" quando as expectativas forem sacudidas por aquilo que eles vão encontrar de verdade.

SOCIALIZANDO A EXPERIÊNCIA NA ÁREA FUNCIONAL TURÍSTICA

É importante lembrar que visitar uma área turística urbana é um ato coletivo, e não solitário. O conceito de "acúmulo de conhecimento", proposto por Schutz (1973), é útil para auxiliar no entendimento das experiências compartilhadas em áreas turísticas urbanas. Os turistas vivenciam um destino turístico em parte individualmente, e em parte por meio da partilha de conhecimento comum a culturas e grupos sociais específicos. Como afirmaram Schutz e Luckmann (1974), apenas quando um turista se depara com informações novas ou contraditórias é que ele faz uma tentativa dinâmica de acumular informações adicionais. Em situações familiares (e destinos turísticos populares), os turistas podem confiar em receitas tradicionais de atuação, que foram transmitidas socialmente. Tais receitas incluem, por exemplo, a encenação de rituais turísticos, tirar fotografias em locais famosos e participar de passeios guiados "que não se pode perder". O setor do turismo e as autoridades oferecem algumas dessas receitas em guias turísticos e materiais promocionais. Como ilustrado por Voase (2000), o uso de clichês promocionais faz parte desse processo, visto que turistas são convidados a "voltar no tempo", "redescobrir" ou "refazer o caminho". Mas o acúmulo de conhecimento também difere entre grupos sociais e culturas diferentes. Isso foi uma das coisas que Edensor (2000) observou no Taj Mahal, uma vez que diferentes nacionalidades tendem a seguir receitas bem distintas.

Tais receitas são influenciadas pelo papel que a pessoa tem na sociedade. A classe social do turista, seu sexo, grupo étnico, idade, profissão, estilo de vida, personalidade e a forma como ele se define são fatores que influenciam "o grau de liberdade na escolha das várias rotas que existem" (Schutz e Luckmann, 1974, p. 95). Figuras de autoridade – pais, professores, ou, cada vez mais, apresentadores de televisão – têm influência na formação do conhecimento social; o problema é que eles mesmos são influenciados pelas normas e valores da sociedade. Desde a infância, mesmo as experiências originais estão inculcadas em "contextos socialmente determinados e pré-delineados" (ibid., p. 247). Conforme sustenta Ringer (1998, p. 6), é importante entender as múltiplas realidades dos grupos sociais que estão em um destino turístico, e a forma como eles interpretam e articulam suas experiências nesse lugar.

O conceito de *múltiplas realidades*, também cunhado por Schutz (1973), é igualmente apropriado para discutir as experiências em áreas turísticas. De acordo com Schutz (1973), cada "realidade" em que vivemos é "uma finita província de significados". Ao utilizar tal terminologia, ele mantém a consistência com seus trabalhos mais antigos, que enfatizavam o fato de que é "o significado de nossas experiências que constitui a realidade" (Schutz, 1970, p. 252). De acordo com o mesmo autor, a *realidade principal* se refere à finita província de significados, que é o que chamamos de "vida cotidiana". Schutz sustenta que nós permanecemos na "postura natural" da realidade principal até recebermos um "choque" específico, que nos impele a mudar a ênfase da realidade de um ponto a outro.

Os "choques" mencionados por Schutz são pontos de transição entre a realidade principal e outras finitas províncias de significados. Na teoria, uma área turística urbana representa uma dessas províncias. Por exemplo, conforme Hayllar e Griffin (2005), à medida que um visitante se distancia da realidade principal da cidade adjacente e começa a entrar na área histórica de The Rocks, há "sinais" que servem como indicadores desses pontos de transição, ou de "choque": construções antigas; uma reorientação de escala; redução no tráfego de veículos; um ritmo de vida mais lento. Assim que entra nesse novo ambiente, o visitante é "suspenso" nessa nova realidade pela natureza da experiência histórica que está sendo vivenciada.

A manutenção da experiência nesse mundo não principal depende da capacidade que a área turística tem de sustentar seu caráter não principal durante a visita. Um conflito arquitetônico, cacofonias de ruídos externos, ou mesmo uma intrusão social "descontextualizada" podem servir para contestar (em termos fenomenológicos) a experiência que está sendo vivenciada. Por meio de tal intervenção, nós teoricamente voltamos à realidade principal.

EXECUTANDO A EXPERIÊNCIA URBANA

A teoria de Schutz também destaca a natureza ativa e contínua da experiência. A ação dos turistas ajuda a "construir lugares, espaços, paisagens, regiões e ambientes" (Anderson e Gale, 1992, p. 4). Conforme sustenta Werlen (1993, p. 16) há muitos pesquisadores cujo foco está no comportamento, e não na ação (ver Selby, 2004b, p. 159). A ação dos turistas urbanos está integrada à cultura diária e caseira do turismo. Franklin e Crang (2001, p. 16) ressaltam que começamos a planejar, conversar com amigos e família, ler romances e guias turísticos e ver programas de TV; o efeito combinado dessas atividades é que acabamos produzindo um cenário fantasma que serve de guia para o entendimento do cenário que vamos ver de verdade.

"Os lugares [...] são escolhidos porque há expectativa envolvida, principalmente quando sonhamos acordados e criamos fantasias" (Urry, 1990, p. 3). Schutz (1970, p. 153) explica esse processo com detalhes, ao afirmar que possíveis visitantes, quando não estão seguindo as receitas do turismo, se posicionam em um tempo (e lugar) futuro, e então cada um "tem sua vez de se projetar na tela da imaginação". Embora "tendências propulsoras" ainda permitam que haja espaço para os hábitos (ou "receitas"), esses atos projetados são comparados e avaliados até que se opte por uma linha de ação. Um destino turístico ou um itinerário dentro de uma área turística urbana é bem diferente de um produto tangível cujas qualidades e possibilidade não são nenhum mistério. A ação requer, portanto, o uso da imaginação, do conhecimento social e das representações, em boa parte dos casos.

CONSTRUINDO EXEMPLOS BRASILEIROS

A avaliação da experiência turística em áreas urbanas ainda carece de pesquisas, especialmente no Brasil. A partir da coleta e organização de relatos de visitas a áreas funcionais turísticas, pode ser possível verificar os fatores que mais se destacam e construir proposições locais que complementem a proposta de Selby, Hayllar e Griffin.

Uma experiência possível é a coleta de relatos individuais com o máximo de detalhes possível, como por exemplo:

a. descrição do ambiente construído;
b. descrição do ambiente natural;
c. interação com outros visitantes;
d. avaliação dos outros visitantes (ponto de vista do entrevistado);
e. texturas, luzes, cores;
f. aspectos gerais;
g. símbolos;
h. marcadores.

A identificação de ideias comuns em relatos sobre o mesmo local pode oferecer informações importantes para o entendimento da experiência do turista, bem como para a identificação de oportunidades de desenvolvimento de novas atividades no local.

CAPÍTULO 9
Conflitos e política no desenvolvimento de áreas funcionais turísticas

Glen Searle

INTRODUÇÃO

Este capítulo examina o desenvolvimento das áreas turísticas urbanas no contexto dos conflitos ligados à administração de interesses conflitantes dos vários *stakeholders*[4]. O desenvolvimento turístico pode tomar várias formas, e estas podem acarretar diferentes consequências para os envolvidos. Os conflitos surgem porque os custos e benefícios de desenvolvimento diferem entre os *stakeholders*. A resolução desses conflitos acontece em um contexto sociopolítico, no qual alguns dos envolvidos, direta ou indiretamente, têm mais influência sobre os resultados do desenvolvimento do que os outros. Este capítulo vai destacar como é possível entender os resultados desses desenvolvimentos como sendo produtos dos conflitos, alianças e definição de políticas entre os *stakeholders*, um ambiente no qual aqueles com mais dinheiro e poder – seja comercial ou político – têm maiores chances de sucesso.

A análise é baseada em seis áreas turísticas centrais em suas cidades. Trata-se de esquemas de reformulação de *waterfronts* e/ou de área de compras. Os seis projetos são:
- Faneuil Hall Marketplace, Boston
- Harborplace, Baltimore

---

[4] N.R. – *Stakeholder* – Optamos pela manutenção do vocábulo em inglês, uma vez que os *stakeholders* não são apenas os interessados, ou apenas os acionistas, mas sim os diversos grupos afetados por uma dada situação, como por exemplo, o governo, os empresários, os empregados, os turistas, os visitantes e a comunidade local. Ocasionalmente, o sinônimo "interessados" será utilizado por questões de estilo.

- Covent Garden, London
- South Bank, Brisbane
- Southbank, Melbourne
- Darling Harbour, Sydney.

POLÍTICAS DE DESENVOLVIMENTO

O desenvolvimento das áreas funcionais turísticas urbanas envolve controvérsias e conflitos entre os *stakeholders*. Nesse contexto geral, a construção de alianças pode aumentar as chances de sucesso. Ao mesmo tempo, cada envolvido e seus aliados têm de operar dentro de contextos urbanos que variam de acordo com a cultura e as políticas locais, as oportunidades de mercado e o apoio intergovernamental (Savitch e Kantor, 2002, p. 172).

As alianças mais significativas preocupadas com o desenvolvimento das cidades foram conceituadas, inicialmente por Stone (1993) como regimes urbanos. Savitch e Kantor (2002, p. 53) os definem como "padrões regularizados de cooperação política para mobilizar recursos urbanos em prol de um programa comum e identificável". O regime urbano por excelência é a versão da "máquina de crescimento", elaborada por Logan e Molotch (1987). Na prática, há vários outros tipos de regimes que se formam em resposta ao contexto urbano. Sendo assim, embora regimes de crescimento reajam a um contexto de mercado em desvantagem fazendo o que for necessário para promover os negócios, outros podem optar por usar a ajuda intergovernamental para contrabalançar ou aliviar essa desvantagem (Savitch e Kantor, 2002).

Uma das principais funções de um regime urbano é definir as políticas de abordagem ao desenvolvimento. Isso envolve a geração de vários discursos públicos – retóricos em prol do desenvolvimento, por exemplo. Tais discursos podem tomar inúmeras formas: podem ser falados e transmitidos pela mídia; publicados como artigos em jornais e revistas; enviados à imprensa na forma de comunicados; e outros relatórios e documentos oficiais. Podem ocultar ou distorcer informações, a fim de consolidar a vantagem em discussões sobre assuntos do desenvolvimento urbano (Flyvbjerg, 1998), como os efeitos comunitários do desenvolvimento do turismo.

Em algum momento o governo vai se tornar peça-chave no processo de desenvolvimento urbano, usando seu poder para instituir normas que visam ao controle desse desenvolvimento em maior ou menor escala. Esse poder governamental é frequentemente usado em benefício dos negócios e do capital, como fonte de riqueza, prosperidade e empregos. Mas o governo também precisa manter sua legitimidade com o eleitorado para permanecer no poder; por isso, também buscam atuar para manter os eleitores ao seu lado (Mollenkopf, 1994).

Esses conceitos são usados no restante deste capítulo para que se possa compreender como facetas particulares de conflitos e a política no desenvolvimento de áreas turísticas podem influenciar os resultados. A análise a seguir começa com as formas usadas pelos proponentes para justificar seus projetos e preparar os mecanismos de desenvolvimento, e as influências políticas envolvidas nessa etapa. A influência do setor de negócios na questão da promoção do desenvolvimento é rapidamente analisada. O capítulo então investiga o papel da opinião pública e do ativismo, e a influência da mídia associada. Depois, o papel dos profissionais é levado em consideração. Em seguida, a forma como se lida com os conflitos entre diferentes níveis de governo é abordada, e o capítulo termina com uma análise do papel de indivíduos-chave em casos particulares.

JUSTIFICATIVAS DE PROJETOS E MECANISMOS DE IMPLANTAÇÃO

A força com que se monta um argumento para a criação de uma área funcional turística tem influência crucial na oposição que será montada contra o esquema. A justificativa pode ser tão óbvia que praticamente nem precisa ser formulada, como no caso de áreas em recessão econômica. Em outros casos, pode envolver inúmeras dimensões, inclusive justificativas implícitas dadas pelo papel simbólico do projeto.

A situação econômica de uma cidade tem considerável efeito no grau de oposição feita a novos projetos de desenvolvimento turístico. Em épocas de retração econômica, as justificativas e também a pressão para a implantação de novos projetos são praticamente irresistíveis, e a vantagem política dos grupos civis desaparece virtualmente (Hoyle, 2000). Esse foi o caso em Boston e Baltimore, nos anos 1950 e 1960, quando ambas as cidades estavam perdendo números tanto em população quanto em empregos, o que gerou pressão por projetos de reformulação urbana que, por sua vez, originou os projetos voltados para o turismo e que tinham a região central como alvo (Mollenkopf, 1983; Barnekov et al., 1989). A perda de subsídios federais para a reformulação do Inner Harbour, em Baltimore, foi o estopim que fez a cidade recorrer à reformulação voltada ao turismo de zonas portuárias. Em Sydney, a recessão de 1982-1983 fez com que o governo estadual respondesse com um programa de projetos públicos adicionais. O projeto de Darling Harbour foi concebido em meio a essa situação.

Em Melbourne, o caráter da requalificação de Southbank mudou de forma significativa após 1992, quando o novo governo estadual resolveu tomar atitudes para reaquecer a economia da cidade, que estava afundada em uma recessão. O governo introduziu uma série de novos projetos na região de Southbank, todos com intuito de revitalizar a economia da cidade. Ao invés de realocar um museu para ancorar a ponta oeste do projeto, foi construído um centro de eventos. Na região central, o governo resolveu abrir uma licitação para a construção de um cassino, além de espaços comerciais e gastronômicos a ele associados, e também um hotel (Sandercock e Dovey, 2002; Dovey, 2005). O projeto do cassino foi recusado em 1983, por causa dos possíveis danos sociais e da possibilidade de corrupção; mas por conta do estado periclitante da economia em recessão, a decisão foi anulada em 1989. Por volta de 1992, o novo governo via o cassino como possível protagonista da recuperação financeira da cidade (Dovey, 2005: 58). Ainda assim, não demorou para o público começar a protestar, por conta da falta de detalhes financeiros e de *design* urbano com respeito às duas propostas mais bem vistas para a construção do cassino, mesmo que o princípio de um cassino como sendo o salvador da economia local já tivesse sido aceito.

Em contraste, o centro de Londres nos anos 1970, com seu papel financeiro, corporativo e turístico de alcance global, estava isolado da economia doente que se alastrava pelo restante da Grã-Bretanha. A requalificação de Covent Garden, inclusa nos planos de governo, ameaçava a estrutura urbana de uma área ocupada por uma comunidade articulada e abastada, que tinha participação no papel global de Londres. Com o tempo, depois de prolongada oposição da comunidade, os planos foram abandonados (Christensen, 1979), e substituídos por uma simples recuperação da área comercial e transformação em área turística.

Não importa realmente se a economia local precisa de empregos e investimentos; os mecanismos usados pelas autoridades para tornar realidade a criação de áreas funcionais turísticas têm potencial de reduzir ou exacerbar as divergências entre os demais grupos envolvidos. Em geral, mecanismos de desenvolvimento que dão pouca voz de decisão aos interessados são adotados em um acordo entre os governantes e os principais investidores, uma ação que reflete o poder das autoridades, em especial. Nos locais onde a autoridade é uma agência governamental ou é o próprio governo (seja local, estadual ou nacional), esse poder vem do *status* legal das ordens emitidas pelo governo, de outras fontes de recursos do governo, como dinheiro e aspectos profissionais; e de certo senso de legitimação popular para que o governo aja de maneira autoritária. Lançando mão dessa autorização, as corporações de desenvolvimento financiadas pelo governo e que foram usadas para a criação de áreas turísticas em Baltimore e Boston receberam carta branca para fazer o necessário para atingir seus objetivos – no caso de Boston e seu órgão de reformulação urbana, até poderes de zoneamento urbano foram concedidos. Em Baltimore, a cidade podia efetuar desapropriações, o que permitiu ao governo adquirir propriedades privadas à força.

Um exemplo de uma poderosa agência de criação de áreas turísticas é a antiga Autoridade de Darling Harbour. O órgão recebeu poderes do governo para reformular Darling Harbour com sua própria lei, que neutralizava a lei de planejamento estadual e seus vários requerimentos investigativos, participativos e de impacto ambiental. Neste caso, o governo tinha como exercer esse poder autoritário por causa de seu governador popular e por possuir a maioria no Parlamento. Além disso, outros aspectos incluem o possível aumento no número de empregos advindos do projeto após uma recessão, a chance de transformar uma área decadente da cidade em um destino turístico multiuso que poderia ser visitado por todos; e por fim, mas não menos importante, a imposição do prazo final das obras para 1988, quando Darling Harbour seria nomeada como o centro das comemorações do bicentenário do lugar. O sucesso da reformulação de Darling Harbour abriu precedentes para projetos similares em Melbourne e Brisbane – em especial na última.

Em Brisbane, o projeto de South Bank foi supervisionado por órgãos de desenvolvimento urbano igualmente poderosos. O estopim para a reformulação da área turística foi sua escolha como sede da Expo 88. Para abrigar a Expo, o governo local aprovou a Lei Expo 88 e fundou a Administradora da Reformulação de South Bank para a Expo em Brisbane (*Brisbane Exposition South Bank Redevelopment Authority* – BESBRA) para adquirir e desenvolver o terreno onde o evento seria realizado, organizar o evento e então dar algum destino ao terreno. Uma das exigências da administradora foi que a reformulação gerasse um retorno satisfatório do grande investimento governamental na Expo (Fagence, 1995, p. 80). Sendo assim, era necessário contar com uma administradora poderosa, com poderes legislativos especiais, para garantir que a reformulação tivesse um alto rendimento comercial e não envolvesse a opinião pública.

Na época em que a Lei Expo 88 foi aprovada (1984), o governo de longa duração de Bjelke-Petersen se posicionava completamente a favor das instâncias de desenvolvimento urbano, e tal Lei teria sido vista como um reflexo típico das políticas do governo. No entanto, houve mudanças no equilíbrio de poder após certos acontecimentos, a saber: protestos públicos em 1989 por conta da proposta preferida pela BESBRA para a utilização das instalações da Expo após sua realização (que envolviam um centro de comércio mundial, um cassino e um hotel internacional) (Craik, 1992; Fagence, 1995); e a substituição de Bjelke-Petersen por um interino no cargo de governador, após as informações reveladas por um levantamento sobre corrupção no governo. Com isso, outra administradora de desenvolvimento urbano, a *South Bank Corporation* (SBC) foi montada para comandar o desenvolvimento do local do evento. No entanto, sua atuação era menos pautada no autoritarismo, buscando garantir que a reformulação chegasse aos mais altos padrões de qualidade e respeitasse o interesse público (Craik, 1992). Processos de consulta pública e planejamento foram executados em seguida, visando à criação de um novo projeto.

Nos locais em que as agências de desenvolvimento de áreas urbanas não contam com estruturas poderosas cedidas pelo governo – ou mesmo que elas existam –, pode haver tentativas de se legitimar o processo de desenvolvimento turístico através da retórica e outros recursos discursivos, para se reduzir a oposição. O cassino erguido na Southbank de Melbourne bebeu da fonte do discurso urbano transformado; a estratégia envolveu colocar o nome do cassino (uma obra privada) em placas de ruas, por exemplo (Dovey, 2005). Em linhas mais gerais, o cassino era um elemento fundamental do manifesto *Agenda 21*, criado pelo governo para orientar o desenvolvimento de Melbourne. Sua retórica, que colocava os "projetos principais" como sendo essenciais para a competição global entre cidades, justificava a supressão dos debates públicos (Sandercock e Dovey, 2002, p. 157).

A retórica também pode ser usada para se rechaçar críticas ao desenvolvimento turístico. Quando se censurou o projeto de Darling Harbour por conta da escassez de construções dedicadas à habitação, o contra-ataque do governo foi a afirmação, por parte do ministro responsável, que o "desenvolvimento incrivelmente atrativo" do projeto iria "causar a renovação" das áreas residenciais adjacentes (*Sydney Morning Herald*, 4 de março de 1985, *apud* Daly & Malone, 1996, p. 100). Em Melbourne, a legitimação dos projetos foi reforçada pela legitimação simultânea das políticas do próprio governo. A construção do Southbank Exhibition Centre foi vista como um símbolo da abordagem autoritária do "posso-fazer", adotada pelo novo governo em relação ao desenvolvimento urbano.

O PAPEL DAS EMPRESAS

Com sua capacidade de fazer investimentos e gerar empregos, o setor de negócios desempenha uma função central na forma como os conflitos sobre desenvolvimento aparecem e se desenrolam. Todas as áreas funcionais turísticas precisam de investimento do setor privado para funcionar, fato que coloca o mundo dos negócios em ótima posição para influenciar a natureza do desenvolvimento de uma área funcional turística. A forma como essa possível influência é exercida é crucial para definir se vai haver conflitos entre as empresas e a administradora do processo de desenvolvimento ou qualquer outro interessado.

Dentro dessa realidade, o poder que as empresas têm em relação a outros interessados é decisivo. Se elas são poderosas porque são bem organizadas e têm vínculos sólidos com o governo municipal, e seu investimento é muito necessário para que seja possível resgatar a economia da cidade, os outros envolvidos estarão muito menos propensos a contestar o tipo de desenvolvimento que as empresas irão propor.

Foi isso que aconteceu em Baltimore quando da criação de Harborplace. O prefeito trabalhou lado a lado com presidentes de companhias no Greater Baltimore Committee, para garantir que a política local não entrasse em conflito com as prioridades definidas pelas empresas, embate que poderia acabar agravando a crise econômica da cidade (Bamekov et al., 1989). Uma situação parecida pôde ser presenciada em Boston: o prefeito se reunia com um seleto grupo de líderes de empresas – conhecido como "O Cofre" (*"The Vault"*, no original em inglês) – a cada duas semanas; e nomeou a Greater Boston Chamber of Commerce como sendo a responsável pela tarefa de revitalizar a zona de orla marítima que serviria de terreno para o Faneuil Hall, cujo desenvolvimento também ficou a cargo da Câmara de Comércio (O'Connor, 1993). Em ambas as cidades, a questão do desenvolvimento urbano foi dirigida por regimes de crescimento. Em lugares onde o poder do setor empresarial não é tão predominante, o potencial de conflitos entre *stakeholders* aumenta consideravelmente. Brisbane e seu South Bank ilustram essa perspectiva. As empresas fizeram um forte *lobby* pela Expo 88, principalmente por conta do potencial de reformulação do terreno após a passagem do evento. Com o tempo, o governo foi persuadido a apoiar o plano por meio de argumentos sobre esse potencial de reformulação (Craik, 1992). O órgão do governo responsável pelas atividades de reformulação urbana, a BESBRA, funcionava como uma construtora privada, com a designação de uma equipe de empreendedores, a terceirização de várias funções, sigilo e escassez de consultas públicas e liberdade regulamentar para comprar terrenos e construir.

Essa foi apenas uma de várias instâncias, por parte do governo autoritário do lugar, de facilitação aos investimentos privados durante o longo mandato do governador Bjelke-Petersen. Tal postura constituiu outro regime de crescimento urbano, no qual o governo colaborava diretamente com as empresas, intervindo quando necessário para garantir a manutenção de uma taxa elevada de investimentos na cidade.

Os casos de Baltimore, Boston e Melbourne após 1992 tiveram dimensões similares. Com a queda de Bjelke-Petersen do cargo de governador, os laços entre o governo do

Estado e o setor empresarial foram perdendo força, e então começaram a surgir conflitos por conta da natureza da requalificação que seria conduzida. A BESBRA havia escolhido um projeto no valor de 200 milhões de dólares, elaborado por um consórcio privado que tinha relações próximas com o governo do Estado, mas tal projeto atraiu críticas do governo local, de arquitetos e planejadores, da imprensa e comunidade (Craik, 1992). Com o tempo, um novo projeto – que envolvia consultas públicas frequentes e incorporava a noção de utilidade pública, bem como preenchia metade do terreno com espaços abertos – acabou sendo adotado.

OPINIÃO PÚBLICA

A proporção em que a opinião pública gera conflitos depende de uma série de fatores em vários níveis. Em um nível mais geral, as comunidades podem discordar de projetos de desenvolvimento de grande porte porque na verdade querem algo que não seja só desenvolvimento urbano: melhorias na habitação ou criação de novos parques e outros lugares de características comunitárias, por exemplo. Nesse sentido, os conflitos com uma comunidade são aqueles que tratam do significado urbano – o que os diferentes grupos querem de uma cidade (Castells, 1983). Embora isso gere discrepâncias na hora de se analisar os projetos de desenvolvimento, o grau de influência que afeta a geração de conflitos reais depende de outros fatores.

Em um âmbito mais básico, pode haver obstáculos que impeçam os sentimentos antidesenvolvimento que se proliferam em uma comunidade de serem transformados em ações geradoras de conflito (Kilmartin e Thorns, 1978; Burnett, 1984). Analisar a questão sob uma abordagem de economia política sugeriria que o tempo e o dinheiro necessários para que a comunidade se envolva e aja em defesa de suas opiniões estão em falta para muitos, por conta de jornadas de trabalho longas e exaustivas, responsabilidades familiares e falta de conhecimento, experiência ou competência social (Pickvance, 1976). Associações de bairro com poder o bastante para esse tipo de ação dificilmente são formadas em áreas pobres e com poucos recursos, ou em áreas cuja população é fragmentada, heterogênea ou basicamente nômade (Burnett, 1984).

Caso haja um nível suficiente de ativismo comunitário, a conversão desse potencial em participação ativa ou protesto passa então a depender de outros fatores, tais como: reflexão acerca de até que ponto o problema pode ser "solucionado" por meio de ação comunitária, e as chances reais de tal ação ter resultados positivos. Uma das variáveis da equação para se calcular a probabilidade de sucesso pode ser o grau de marginalidade eleitoral da área (Burnett, 1984).

O contraste nas histórias de participação comunitária no desenvolvimento do South Bank, em Brisbane, e do Covent Garden, em Londres, ilustram bem esses problemas. No primeiro, o desenvolvimento do terreno para a Expo 88 foi marcado pelo desalojamento de inquilinos de baixa renda, por uma visível deterioração da estrutura social da área, e pela sensação de impotência política (Day, 1988). Além do aumento no tráfego e no barulho, a comunidade sentiu que as indenizações pelos negócios e terrenos desapropriados não foi justa. A área era habitada por grupos de baixa renda e de migrantes, cujas habilidades, conhecimento e outros recursos nunca seriam o bastante para obrigar um governo estadual autoritário e favorável ao desenvolvimento urbano a mudar sua linha de ação e buscar atenuar os prejuízos sociais causados pela "etapa Expo" da transformação na região de South Bank.

Por sua vez, os moradores da região de Covent Garden conseguiram frear um plano de reformulação maciça do lugar, que previa a preservação da sua estrutura histórica e sua subsequente transformação em área funcional turística. O primeiro projeto, publicado em 1968, prescrevia a demolição de 60% da área. A comunidade resistiu veementemente, lançando mão de coletivas de imprensa, comícios e da mídia nacional para se opor aos planos (Christensen, 1979). Essa reação forçou o governo a realizar uma pesquisa pública em 1971, que levou o secretário de Estado a proibir a construção das novas vias necessárias para a implementação do plano. As eleições do Conselho da Grande Londres (Greater London Council, GLC) de 1973 foram palco da ascensão do Partido Trabalhista ao poder, o que resultou nas mudanças das diretrizes do projeto, que passaram a enfatizar a preservação do local e a provisão habitacional. Ainda assim, o novo plano apresentado em 1976 previa a demolição de 25% da arquitetura histórica. A associação comunitária publicou seu próprio plano de reformulação, que continha mais instâncias de recuperação do conceito da área; o governo local apoiou esse plano. Mais tarde, em 1976, o Comitê de Covent Garden do GLC (GLC Covent Garden Committee) aprovou um plano revisado que adotava as propostas da associação comunitária; tal plano foi aprovado pelo GLC em 1977 (Christensen, 1979). Esse projeto enfatizava uma renovação mais criteriosa, além da recuperação e preservação da comunidade já existente.

Pode-se identificar vários fatores específicos que justificam o êxito da resistência comunitária à reformulação de Covent Garden, como a inabalável liderança de algumas "personalidades sinérgicas" – entre elas, um planejador renegado e um estudante de arquitetura (Christensen, 1979, p. 345). A pesquisa pública de 1971 deu aos líderes da comunidade "um evento no qual se concentrar, e um meio através do qual informar a comunidade, a imprensa e a opinião pública" (Christensen, 1979, p. 345).

Christensen (1979, p. 345) considera a "extraordinária capacidade organizacional" da associação comunitária como sendo um fator fundamental para o sucesso da empreitada. Isso compreendeu: organização bloco a bloco; utilização da mídia para explorar o crescente interesse geral nas políticas de preservação e planejamento; tomada das ações ofensivas ao utilizar o conhecimento próprio dos campos científicos relacionados para elaborar soluções que eram superiores às apresentadas pelos planejadores do governo; estabelecimento de relações de afinidade com o comitê do GLC Trabalhista e também com o conselho municipal; e criação de alianças com organizações poderosas, como a Town and Country Planning Association e os principais grupos nacionais de preservação.

Por sua vez, a composição socioeconômica subjacente à comunidade foi o ponto de partida para a consolidação de tal organização e liderança comunitária. A região central de Londres e sua periferia sempre tiveram um considerável número de intelectuais e profissionais, e ao final dos anos 1960 isso tinha sido reforçado por mais de uma década de remodelações (Savage e Warde, 1993). Isso também teve efeitos na filiação ao Covent Garden Forum, formado por representantes locais eleitos pela própria comunidade, e que foi instaurado em 1974 para oferecer consultoria formal ao GLC com respeito ao planejamento projetado para a área. De acordo com Christensen (1979, p. 345), o Forum teve papel de destaque na vitória da comunidade, visto que ele "legitimava muitas das exigências da comunidade, demonstrando que o interesse na sobrevivência da vizinhança não estava limitado a radicais e moradores da classe trabalhadora, mas também incluía empresários, donos de propriedades e moradores de classe média".

Se essa intensa oposição comunitária à reformulação de uma área aconteceria hoje, seja em Londres ou em qualquer outra cidade, é um ponto discutível. O final dos anos 1960 testemunhou reações de comunidades locais contra a demolição de construções antigas localizadas na zona central de cidades (Hall, 1998), bem como uma grande desilusão com a ideia da reformulação completa e um comprometimento crescente com a preservação do patrimônio histórico. A intensificação da competição entre cidades para receber esses projetos de desenvolvimento urbano de grande porte, que começou nos anos 1980, gerou uma tendência de intensidade equivalente que se opunha a essa concorrência, principalmente em cidades que não dispunham de um contexto de mercado mais forte.

Um ponto relacionado a Covent Garden e que remete a essa questão é que sua transformação em uma área turística não era do interesse da comunidade. Pelo contrário, o lugar perdeu forças depois que o mercado de produtos agrícolas foi transferido, em 1974, e ficou esquecido até ser redescoberto por construtoras especializadas em restauração, que substituíram as lojas locais por butiques e lojas de arte (Esher, 1981). Esse novo foco turístico foi abandonado em 1980, quando o edifício central do mercado foi reaberto como sede do primeiro *shopping center* de especialidades da Europa.[5]

Uma consideração geral a se fazer aqui é que a proporção e a natureza dos conflitos com comunidades por propostas de criação de áreas funcionais turísticas dependem muito do tamanho da comunidade local. Nos locais em que a área turística proposta é ocupada por instalações comerciais, industriais ou de transportes ao invés de dependências residenciais, a pressão da comunidade tenderá a ser menor, porque não há população local sendo ameaçada com a perda de suas casas. O projeto do Southbank em Melbourne pode ser classificado dessa forma, bem como o de Darling Harbour.

Ainda assim, o projeto de Darling Harbour enfrentou grande oposição do público geral de Sydney. As críticas se concentraram no preço do projeto e, em particular, na construção de um monotrilho que ligava o Harbour ao centro financeiro da cidade (Daly e Malone,

---

5   N.R. – Detalhes sobre o local em http://www.coventgardenlondonuk.com/.

1996). O Conselho Municipal de Sydney era contra o monotrilho por causa de seus impactos visuais negativos na paisagem de rua da cidade. No entanto o governo estadual interveio na questão, e tirou o desenvolvimento da área turística de sua legislação de planejamentos, para poder contornar a negação do plano por parte do conselho municipal.

Houve duas passeatas públicas de protesto contra a proposta do monotrilho. A mídia, em particular o jornal diário Sydney Morning Herald, divulgava o discurso contra o monotrilho. O exemplo de Darling Harbour ilustra os tipos de razões por que a comunidade em geral pode acabar se envolvendo com a questão da oposição a propostas de desenvolvimento turístico em áreas urbanas. Uma das razões envolve os possíveis impactos em áreas próximas e de valor (a região central de Sydney, nesse caso). A outra está relacionada a efeitos na legitimação do governo via o já conhecido abuso dos fundos públicos.

O caso do South Bank de Brisbane traz à tona uma nova perspectiva: como a consciência acerca do valor público de uma designada área funcional turística pode evoluir e então gerar expectativas públicas (e potenciais conflitos) sobre os resultados do projeto. A Expo 88 aumentou o apetite do público pelo uso do South Bank para turismo e lazer (Fagence, 1995). A chegada ao poder de um governo mais fraco, após a queda de Bjelke-Petersen, removeu um dos obstáculos para a obtenção de um projeto que desse maior prioridade ao acesso público às áreas de orla marítima e à criação de áreas de lazer.

No entanto, a obrigação de recuperar o enorme investimento público resultou em um projeto inicial pós-Expo que focava explicitamente o turismo. Esse projeto foi batizado *River City 2000*, e incluía um centro comercial de padrão internacional de 50 andares, um cassino e um hotel cinco estrelas. Houve uma saraivada de críticas vindas da comunidade em geral, do governo local, de planejadores e arquitetos e também da mídia, por razões como: a escassez de espaços abertos, a falta de atividades para o público comum e o cassino proposto (Craik, 1992). Com isso, o governo do Estado se viu forçado a abrir nova licitação para o projeto, criando a SBC, que era mais voltada ao interesse público, e adotando um processo de consultas e planejamento mais amplo (Craik, 1992).

O novo plano elaborado pela SBC, que reservava metade do terreno para espaços abertos e de uso público, incluía recursos únicos que serviam para distingui-lo de outros projetos de grande porte no estrangeiro (Fagence, 1995). Por volta de 1992, já haviam sido construídos parques públicos à beira do rio com características de parques temáticos (Noble, 2001). Sendo assim, no caso do South Bank em Brisbane, o aumento das expectativas e do poder da comunidade, junto do enfraquecimento do governo do estado, produziram uma área turística com atmosfera de parque regional, e não um destino internacional para turistas mais afluentes.

OPINIÃO PROFISSIONAL

A opinião profissional geralmente serve para apoiar a oposição comunitária às propostas de áreas turísticas, embora ela raramente seja, por si só, uma fonte de geração ou amenização de conflitos. No entanto, ao oferecer tal suporte, pode adquirir um papel crucial, ao servir de contrapeso para a qualificação das agências de desenvolvimento urbano. Sendo assim, a opinião profissional pode fortalecer as comunidades, ao acrescentar conhecimento especializado ou legitimar posições da comunidade que contestam planos profissionais e discursos de agências.

Esse papel da opinião profissional foi mostrado de forma mais evidente no caso de Covent Garden. Associações profissionais de preservação e planejamento estavam entre os opositores ao plano original de requalificação que participaram da pesquisa pública de 1971. De modo oposto, os planejadores que estavam do lado do governo adotaram uma postura mais tradicional, em que o planejamento era visto como algo a ser feito por uma elite profissional, e lutaram de uma posição de retaguarda para defender seu plano até o fim (Christensen, 1979). Para contra-atacar essa postura, a associação comunitária e o Forum confrontaram os planejadores com uma qualificação (profissional) superior e os desafiaram em suas próprias regras.

As críticas lançadas por arquitetos e outros profissionais ajudaram a derrubar o projeto da *River City 2000* que seria implantado no South Bank em Brisbane. Esse mesmo tipo de crítica não teve igual êxito em refrear o desenvolvimento turístico na região do Southbank de Melbourne. O *design* definitivo da atração principal da área, o cassino, foi recebido negativamente pelos profissionais (Dovey, 2005). A área ocupada pelo complexo praticamente dobrou em comparação aos números propostos pelo vencedor da licitação, e o arranha-céu subiu de 25 para 43 andares. O governo tinha tentado desqualificar as críticas profissionais e legitimar o *design* do cassino ao nomear um Painel de *Design* para aprovar o projeto apresentado pelo vencedor da licitação, e também para avaliar futuras mudanças no *design*. No entanto, a palavra final com relação à questão era do ministro; ou seja, não se sabia se o Painel tinha mesmo aprovado o *design* final (Dovey, 2005)

As opiniões dos profissionais também foram desprezadas em um momento crítico da reformulação de Darling Harbour. Estudos mostraram que era necessário implantar novas instalações de transporte público no centro da cidade para que se pudesse lidar com o fluxo previsto de viagens a Darling Harbour. Os planejadores do Departamento Estadual de Planejamento e Meio Ambiente recomendaram a construção de uma linha de metrô leve com destino ao centro da cidade e que fizesse integração com o sistema de trilhos existente; o problema é que isso exigiria do governo o pagamento de um subsídio de operações. Para evitar isso, o governo aceitou uma proposta da companhia de transportes TNT – que tinha vínculos políticos com o governo – para a construção, sem custos adicionais para o governo, de um monotrilho. Conforme já mencionado, tal proposta gerou uma fortíssima reação de oposição pública, que foi contornada pelo governo.

CONFLITOS INTERGOVERNAMENTAIS

A criação de áreas funcionais turísticas urbanas normalmente envolve várias esferas governamentais. Isso cria um potencial para conflitos dentro do próprio governo, que surgem por conta dos diferentes programas e bases de poder dos governos local, regionais, estaduais e nacionais. O governo local, por exemplo, provavelmente terá maior empatia pela comunidade local, enquanto esferas governamentais mais altas possivelmente terão perspectivas estratégicas mais amplas.

O caso de Covent Garden é um exemplo disso. O GLC foi o responsável pelo plano de reformulação que sofreu a forte oposição da comunidade; nessa ocasião, o governo local estava do lado da comunidade, que saiu vencedora do imbróglio. Em Brisbane, o governo local apoiou de forma semelhante a comunidade em sua oposição ao plano da *River City 2000*, que era da preferência do governo estadual – e no fim das contas, o plano foi abandonado.

Em Melbourne, a resistência do conselho municipal aos planos do Estado não foi capaz de subverter as intenções do governo estadual, por conta da obrigação que o Estado havia assumido de atrair investimentos globais (Dovey, 2005). A estratégia original para Southbank, elaborada pelo Estado em meados dos anos 1980, propunha instalações culturais e de lazer junto à orla, além de uma reformulação residencial, artística e comercial dos mil hectares mais ao sul da área. Isso gerou uma briga por controle entre os governos estadual e local, que atrasou a execução do projeto em dois anos, até que o Estado usou seus poderes legislativos para assumir a reformulação (Dovey, 2005).

O projeto de Darling Harbour também acabou com a vitória do Estado sobre o governo local. O conselho municipal, reunindo a oposição conjunta dos profissionais e da comunidade, ameaçou não consentir com a implantação do monotrilho. Vendo que o projeto de Darling Harbour corria o risco de ir por água abaixo, o governo do Estado criou uma lei que isentou o monotrilho das cláusulas da lei de planejamento e inúmeras outras leis (Ashton, 1993), fazendo com que a proposta não pudesse ser recusada pelo conselho nem submetida a obstáculos legais.

PRINCIPAIS AGENTES

Nessa interação de *stakeholders* que buscam influenciar o resultado do projeto e desenvolvimento de uma área funcional turística, há certos indivíduos que podem fazer toda a diferença. Em geral, tal posição vai se valer de condições subjacentes que apontam para a aprovação ou oposição ao projeto como base para a ação individual.

Em cinco dos seis estudos usados neste capítulo, o principal político envolvido no projeto teve um papel decisivo em fazer com que o projeto em questão se tornasse realidade, o que provocou a possibilidade de conflito com a comunidade e outros interessados. No caso que não faz parte desse grupo, Covent Garden, foi a liderança de dois ou três moradores que foi crucial para mobilizar a resistência da comunidade contra os planos de reformulação.

Dos principais agentes pró-desenvolvimento participantes dos outros cinco casos, dois eram prefeitos: os de Baltimore e Boston. Em Baltimore, o prefeito Schaefer, eleito em 1971, ressuscitou planos engavetados de reformulação da área de orla marítima. Sob sua liderança, Harborplace e outros projetos do centro da cidade foram desenvolvidos usando-se a gama total de instrumentos disponíveis para desenvolvimento local em parceria com o setor privado (Barnekov et al., 1989). No caso do Faneuil Hall, área histórica de Boston, o prefeito teve um papel decisivo em conjunto com outro agente, o construtor James Rouse, que propôs uma área turística comercial que ligasse o centro financeiro da cidade à zona de orla marítima. A proposta de Rouse foi comparada com uma proposta adversária que dava conta da criação de escritórios e apartamentos. De acordo com O'Connor (1993), a decisão do prefeito ao adotar o projeto de Rouse foi tomada apenas por causa da imaginação criativa e do carisma pessoal deste, cujas ideias "cativaram" o prefeito. Em linhas gerais, o trabalho de Rouse ilustra uma forma pela qual as políticas de desenvolvimento de diversas áreas turísticas urbanas podiam ser interrelacionadas.

O envolvimento de Rouse em projetos dessa natureza começou com o processo de desenvolvimento de Harborplace em Baltimore (Sudjic, 1993). O sucesso desse projeto abriu as portas para seu envolvimento na reformulação de Faneuil Hall; depois isso, ele foi consultor no projeto de Darling Harbour. Embora o plano de Darling Harbour tenha sido acusado de possuir um "senso sinistro de familiaridade" e de ser "monótono e inevitável" (Sudjic, 1993, 300), é bem provável que o precedente bem-sucedido em Baltimore tenha favorecido a aceitação dos preceitos de Rouse para o mercado e outros elementos de Darling Harbour sem a menor contestação e sem conflitos.

Nas áreas turísticas construídas em zonas de orla marítima de Melbourne, Sydney e Brisbane, o papel de seus respectivos governadores estaduais foi decisivo em várias etapas. Em Melbourne, a eleição em 1992 de um governo pró-desenvolvimento turístico comandado por um governador autoritário e politicamente poderoso – Jeff Kennett – fez com que o desenvolvimento de Southbank fosse reorientado para passar a corresponder à tendência de competitividade global entre cidades. O museu parcialmente concluído foi reinventado como centro de eventos; o cassino foi aprovado quase à força. A reestruturação de Darling Harbour foi, em muito, fruto da visão do Governador Wran, um líder muito popular que viu na infraestrutura do turismo de grande porte uma das prioridades de investimento para se conseguir o desenvolvimento econômico de Sydney (junto com as indústrias financeira e de tecnologia da informação), e colocou Darling Harbour como a peça central dessa infraestrutura. Já em Brisbane, a decisão de se reformular o South Bank para a Expo 88 exemplificou uma arraigada parcialidade pró-desenvolvimento urbano por parte do Governador Bjelke-Petersen, que foi o líder populista de um governo dominador e duradouro do Partido Nacional (mas que perdeu grande parte de sua legitimidade na época da realização da Expo, quando um levantamento sobre a corrupção no governo foi feito).

ÁREAS FUNCIONAIS TURÍSTICAS COMO CASOS ESPECIAIS DE DESENVOLVIMENTOS DE GRANDE PORTE

Até que ponto a estrutura apresentada neste capítulo é aplicável aos desenvolvimentos de grande porte fora do setor turístico? Os principais elementos dessa estrutura, tais como a importância dos regimes urbanos e seu contexto de mercado, e o valor do discurso como um "definidor de políticas" e dos agentes/atores principais, são comuns à maioria dos grandes projetos de desenvolvimento urbano. O processo básico de criação de uma área turística de grande porte é muito parecido com o usado em projetos de escala similar em outras áreas.

Independentemente disso, existe uma diferença crucial na natureza dos desenvolvimentos de áreas turísticas, e ela tem a ver com o aumento nas oportunidades de recreação e lazer para as comunidades locais que são geradas pelos projetos de turismo urbano. Os parques, praças, lojas, mercados, cassinos e afins que fazem parte desses projetos ficam disponíveis para a população também, não só para os turistas. Esse aspecto local "de bem público" significa que as comunidades locais estão mais propensas a apoiar as propostas de projetos do tipo. Por exemplo, Darling Harbour foi "vendida" aos moradores de Sydney como sendo um novo local destinado à recreação e lazer da população local. Ao mesmo tempo, esses grandes projetos turísticos que disponibilizam áreas de lazer à comunidade geram uma legitimação das ações governamentais entre a população, o que torna o apoio governamental aos projetos turísticos de grande porte algo ainda mais provável. Sendo assim, a oferta de bens públicos locais que acompanha os grandes projetos turísticos tenderá a ter como resultado um desenvolvimento menos conflituoso.

CONSTRUINDO EXEMPLOS BRASILEIROS

Nas áreas funcionais turísticas brasileiras, é possível identificar os principais atores envolvidos nas etapas de planejamento, desenvolvimento e operação? É possível afirmar que há participação da comunidade?

Em que circunstâncias é possível prever uma influência da opinião pública, no Brasil, que possa resultar na alteração de projetos, como no exemplo de Covent Garden?

A posição/importância do turismo na estrutura da administração municipal, em particular nas capitais dos estados, pode ser determinante para que os projetos de interesse turístico, que venham a criar áreas funcionais, tenham apoio de outras áreas do governo?

CAPÍTULO 10
Espaços urbanos – áreas funcionais turísticas: uma reprise

Bruce Hayllar, Tony Griffin e Deborah Edwards

INTRODUÇÃO

As perguntas que deram origem a este livro parecem refletir quatro temas centrais do estudo das áreas funcionais turísticas urbanas: a relação entre os visitantes e as comunidades anfitriãs; a interação e experiência do turista nesses ambientes planejados; as complexidades dos processos e desafios relacionados ao desenvolvimento, *design* e gestão; e os benefícios e custos da criação de uma área funcionais turística para a vasta comunidade de *stakeholders*.

Ainda que procurar respostas para essas perguntas seja importante, é igualmente válido determinar que perguntas ainda não foram respondidas, e considerar que pesquisas nos esperam no futuro. Nesse sentido, este capítulo é sobre olhar para trás – para aquilo que é conhecido – e também olhar para frente – para o desconhecido –, para as questões que virão a seguir e talvez orientem nossas pesquisas futuras.

TURISTAS E MORADORES

A relação entre turistas e moradores costuma ser retratada como sendo de antipatia mútua. Relatos de turistas que foram aos *resorts* à beira-mar na Espanha, nas ilhas gregas ou na Gold Coast australiana transmitem imagens de populações "isoladas" dos turistas (Archer et al., 2005). Em cenários como esse, a cultura local fica subordinada às demandas dos visitantes, e uma forma alternativa de reprodução em série de espaço e experiência aparece – geralmente em detrimento da população local. Nessas áreas de *resort*s e outros locais turísticos de "alto impacto" ao redor do mundo, os efeitos do turismo podem ser bastante profundos – social, cultural, ambiental e economicamente. É justamente esse o caso de quando se substitui a "velha" economia de uma localidade – e se realiza os processos concomitantes de perturbação das redes sociais profissionais e tradicionais – pela "nova" economia do turismo.

No entanto, dentro do contexto de espaços urbanos, embora ainda haja exemplos de antagonismo entre turistas e moradores, sua relação já é de uma natureza mais simbiótica. As grandes cidades possuem um caráter econômico e social próprio, primariamente movido pelas experiências comerciais da cidade e sua periferia. A função do turismo na economia local varia, dependendo do tamanho e da proporção da atividade turística em relação à cidade, e ele é apenas uma dentre várias dimensões que pertencem à estrutura econômica e social multifacetada de uma cidade. Tendo em mente essa relação de interdependência variável, qual a contribuição que esta obra deu para aprimorar nossos entendimentos acerca dessas relações? À medida que os espaços urbanos passaram também a se tornar locais de consumo, uma espécie de novo morador urbano surgiu – seus gostos, desejos e cultura não são muito diferentes daqueles do turista urbano que busca uma nova experiência. Sendo assim, pode-se afirmar que vários dos serviços e instalações de consumo desenvolvidos especialmente para esses novos exploradores da cidade são praticamente um espelho do que é pedido pelos turistas. Em teoria, esse compartilhamento de capital cultural e espacial acaba por redefinir a relação tradicional entre visitante e anfitrião. Sendo assim, essa relação se desloca e passa a não mais ser chamada de "outra", firmando-se como uma forma de reconciliação mútua. De alguma forma a área turística urbana passa a se tornar um novo tipo de área pública, de local para interação mútua e compartilhada.

Destaca-se a importância das áreas funcionais turísticas como espaços interativos que apresentam um contexto de relação "autêntica" com os moradores da cidade. Essa relação pode tomar várias formas, como contemplar roupas recém-lavadas secando em um varal em The Rocks, ou observar crianças de uma escola e seus professores transpondo o tráfego de pedestres da área em seu caminho para a Sydney Opera House, ou ver grupos de amigos se formando rapidamente e então se dispersando enquanto eles se dirigem à escola ou ao trabalho nos limites da Federation Square, em Melbourne. Há áreas menos exploradas em cidades como Londres que também oferecem experiências "autênticas" por meio das quais os visitantes podem se conectar momentaneamente com a vida cultural e os moradores da cidade. Nestes exemplos, o espaço e as relações não são contestados. É por meio dessas relações paralelas que os espaços urbanos se enchem de significados (Tuan, 1977).

As áreas funcionais turísticas também têm a função de diluir possíveis conflitos entre visitantes e anfitriões. Kelly discutiu as consequências de padrões de fluxo interno insatisfatórios dentro de áreas funcionais turísticas em que os moradores e os visitantes disputam o espaço compartilhado. Ainda que o *design* dessas áreas possa ajudar a atenuar tal congestionamento, outras formas "orgânicas" de desenvolvimento de áreas funcionais turísticas também contribuem, ao deslocar os visitantes para longe das zonas centrais das áreas funcionais e funcionais turísticas e mandá-los a áreas menos definidas. Se a área turística urbana, com sua estrutura conhecida e desenvolvida de forma relativamente intensa, é o lar do experimentador e do navegador, a área turística orgânica é o ambiente do explorador. Se a área funcional turística urbana desenvolvida se preocupa em oferecer uma "compactação de experiência" – aglomerando atrações em espaços reconhecíveis e definíveis –, a área turística orgânica busca oferecer a "expansão de experiência", na qual é a gestalt do turista que modela, conecta e é responsável pelas interligações através e entre os espaços urbanos. Tal difusão tem o potencial de fazer com que os visitantes se afastem das áreas turísticas mais desenvolvidas: ela tem um impacto comensurado na questão da superlotação e, o mais importante, oferece uma alternativa de interação não contestada.

Quando analisadas juntas, as contribuições expostas aqui fornecem novas perspectivas para as percepções convencionais acerca do relacionamento entre os visitantes e as comunidades anfitriãs – tais relacionamentos não são fixos, unidirecionais ou obrigatoriamente antagônicos. Pelo contrário, eles são decididamente instáveis.

DESIGN E VIVÊNCIA DE ÁREAS FUNCIONAIS TURÍSTICAS

Krolikowski e Brown observam que "as áreas turísticas são definidas por seus padrões particulares de *design* arquitetônico, disposição física, atrações e pela configuração geral dos elementos físicos que ajudam a criar uma identidade para o local".

É algo problemático tentar entender até que ponto os visitantes vivenciam esse senso de identidade de lugar descrito pelos autores acima. É fato que as áreas turísticas históricas levam vantagem nesse quesito. Em vários casos, elas apresentam uma estrutura social e arquitetônica única, que as diferenciam do restante da cidade em que estão inseridas. No caso das "cidades como áreas turísticas", a cidade inteira passa por essa diferenciação. De fato, as ações de preservação são, por si só, um sinal para os turistas dos "méritos" intrínsecos à área turística histórica em questão. É dentro dessas áreas que o olhar "romântico descrito por Urry (1990) ganha vida.

Por outro lado, os mercados representados por Navy Pier, Harborplace e Darling Harbour costumam ser vistos pejorativamente, já que sua fama é a de manifestações comerciais da globalização do capital e da reprodução em massa (ver Stevenson, 2003). Concluindo com um corolário lógico, as obras citadas neste parágrafo são um contraponto às áreas turísticas históricas ou organicamente desenvolvidas – elas não têm uma identidade. Na dicotomia sustentada por Urry (1990), seriam esses lugares os originadores do "olhar coletivo".

Entre essas duas áreas turísticas padrão e a arquitetura que as acompanha há uma ampla variedade de outras áreas funcionais turísticas com seus próprios legados de *design*, configuração, níveis de preservação e estratégias de desenvolvimento. Juntas, essas áreas turísticas desempenham uma série de ações, embora ainda devam ser diferentes entre si na proporção em que têm êxito ao fornecer ao turista o senso de identidade de lugar.

Um dos pontos de discussão aqui é que "lugar" é mais do que simplesmente a manifestação física e fechada por fronteiras de uma área turística e sua aglomeração de atrações de serviços. Em vez disso, "lugar" é um termo que trata mais da forma como nos envolvemos emocionalmente com as dimensões físicas, e como vivenciamos e determinamos os significados contingentes desses espaços. O turista não quer apenas uma conexão com o local físico em que ele está; ele quer chegar "ao lugar mental em que eles desejam estar! O lugar físico – a área turística – precisa facilitar esse processo gerando uma atmosfera apropriada ou oferecendo ao turista certas oportunidades".

Tais argumentos não servem para refutar a importância do formato físico, visto que ele tem seu impacto psicológico sobre nós (Carmona et al., 2003), e pode incentivar ou desencorajar a criação de uma relação com o espaço. No entanto, nossa ligação com o espaço é uma relação dialética interpretativa, interativa e, em última análise, dinâmica. Tal relação é modelada por meio de nossas interações com as dimensões físicas e essencialmente humanas do espaço.

O *design* físico de uma área turística é, dessa forma, um dos veículos para se estabelecer essa relação psicológica. Por meio de suas interações, os visitantes buscam e determinam seus próprios significados, sem levar em consideração as interpretações e expectativas cedidas de antemão pelos planejadores e desenvolvedores. As respostas e interpretações dos visitantes às vezes batem de frente com o comentário da crítica pública, incluindo aquela produzida por acadêmicos. Darling Harbour, por exemplo, recebeu críticas constantes da mídia por conta de seu *design* físico, sua arquitetura, sua atratividade como destino turístico e sua conexão com a cidade que a cerca. No entanto, mesmo com as pesadas críticas, trata-se de um espaço cujo apelo é praticamente universal, encantando moradores e turistas.

DESENVOLVIMENTO E GESTÃO DAS ÁREAS FUNCIONAIS TURÍSTICAS URBANAS

Ao se refletir acerca das perguntas que nós levantamos sobre a gestão e o desenvolvimento das áreas turísticas, fica aparente, tomando as contribuições como base, que não existe um modelo de desenvolvimento, planejamento ou gestão que exiba as melhores práticas. Até certo ponto, obter a criação de tal modelo como um dos resultados da confecção desse livro seria algo muito valioso! No entanto, o que os estudos de caso e exemplos espalhados pelo livro revelam é que nosso mundo raramente é linear ou ordenado. O modelo conceitual para o desenvolvimento de uma área funcional turística atrai a atenção, de forma intencional, a esse potencial para a "desordem". Ainda que seja apresentado de forma linear, o modelo postula a existência de uma série de forças internas e externas e também relações que têm potencial de causar impactos nos processos de desenvolvimento e gestão – das diversas possibilidades apresentadas pelo contexto do destino turístico urbano à potencialmente volátil mistura governança competitiva, políticas públicas e demandas de *stakeholders* da área da política.

A natureza evolutiva desses vários processos ganha destaque no capítulo 2. Plaka, em Atenas, exemplifica o impacto de se mudar o caráter social e econômico de uma área, e como o governo interveio em um esforço para preservar vestígios de sua valorizadíssima qualidade cultural. Plaka cresceu de uma forma irregular em reação a uma variedade de influências: forças comerciais redefiniram o *mix* populacional do lugar, que passou da classe trabalhadora para a predominância da classe média; construções irregulares passaram a ameaçar a estrutura física do lugar; e novas utilidades para os locais (como casas noturnas) também acabaram gerando alterações no *mix* de visitantes, o que provocou um baque em sua reputação.

Em circunstâncias como essas vistas em Plaka, onde forças comerciais desenfreadas subjugam uma área a tal ponto que sua população passa a sofrer prejuízos visíveis, assim como a qualidade da experiência vivenciada pelos visitantes, é talvez inevitável alguma forma de intervenção governamental. No caso de Plaka – e de áreas com qualidades semelhantes –, os argumentos para a intervenção pública se tornam mais convincentes quando a área turística em questão apresenta atributos físicos que são ou limitados ou únicos, ou quando tais atributos têm uma importância que trespassa os limites geográficos da área turística: por exemplo, Cadman's Cottage em The Rocks (o prédio intacto mais antigo da Austrália), a Tower of the Winds em Plaka (que data do século I) ou os prédios históricos de Albert Dock em Liverpool (que abrigam o primeiro elevador hidráulico).

Os governos também tendem a adotar uma postura mais intervencionista quando o desenvolvimento de uma área funcional turística faz parte de uma economia ou estratégia social mais ampla. Esse tipo de intervenção esteve bem evidente, por exemplo, no projeto Sheffield City Centre, no desenvolvimento do South Bank, de Londres, do Navy Pier, de Chicago, e do Southbank, de Melbourne. As contribuições feitas para este livro também põem em destaque as várias formas de intervenção governamental. Por exemplo, determinados meios governamentais podem atuar no papel de autoridades em um planejamento convencional e tentar determinar qual seria o *mix* de uso territorial mais apropriado, estabelecer padrões de desenvolvimento e códigos de conduta na construção, e regulamentar as atividades privadas de desenvolvimento.

Por outro lado, eles podem assumir o papel de um desenvolvedor todo-poderoso e passar por cima de todas as leis locais em prol de um programa regional ou nacional. Searle faz menção particular aos amplos poderes concedidos a corporações apoiadas por suas cidades no desenvolvimento de áreas turísticas em Baltimore e Boston.

Há também uma tendência cada vez maior das agências governamentais desenvolverem parcerias comerciais. Para investidores comerciais, tais parcerias são bastante atrativas, principalmente para locais em que a infraestrutura pública antiga foi abandonada, enquanto o valor imobiliário do terreno continuou subindo – fenômeno muito válido para áreas próximas à água ou aos centros de cidades. Nesses casos, os governos controlam os recursos básicos, enquanto seus "parceiros" tentam maximizar seus investimentos através de atividades comerciais, como moradia e/ou lazer de alta densidade e infraestrutura voltada para o lazer. As parcerias público-privadas são um exemplo desse tipo de acerto do governo com o comércio.

O potencial para conflitos nas relações entre os setores comercial e público está sempre rondando, visto que os objetivos de cada um são antagônicos – principalmente com as áreas turísticas históricas ou onde há uma forte identificação local com uma área qualquer. Em áreas turísticas do gênero, existe a exigência implícita de se preservar as qualidades intrínsecas do local ao mesmo tempo em que se sustenta a sua lucratividade comercial. O contraste mencionado por Spirou no desenvolvimento da Albert Dock e do Navy Pier ressalta a interação evolutiva entre os interesses públicos e comerciais.

Analisando-se todas em conjunto, as contribuições feitas aqui enfatizam a natureza diversificada das práticas de planejamento e gestão associadas às áreas turísticas. Enquanto as áreas turísticas apresentam um viés comercial mais forte, o papel central do governo na criação e gestão de espaços (seja com "luvas de pelica" ou uma "mão mais pesada") é um tema comum de integração entre o desenvolvimento e a gestão de áreas funcionais turísticas.

BENEFÍCIOS E CUSTOS DO DESENVOLVIMENTO DE ÁREAS FUNCIONAIS TURÍSTICAS

O último tema diz respeito aos benefícios e custo de desenvolvimento de áreas funcionais turísticas. Ao refletirmos sobre as questões elaboradas, nós as examinamos por três pontos de vista: o físico e estético; o econômico; e o social. No entanto, vale ressaltar que, embora tenhamos separado a discussão de custos e benefícios em três grupos para fins de análise, na prática eles estão interconectados, são indissociáveis e sua relação é dinâmica.

Custos e benefícios físicos e estéticos

Por sua existência no domínio público, as áreas funcionais turísticas urbanas causam alguma forma de impacto físico. Alguns dos impactos que são tipicamente identificados como sendo negativos são os seguintes:

- destruição de prédios históricos e paisagens urbanas;
- modificação do fluxo das marés por causa do desenvolvimento das zonas de orla;
- reconfiguração das paisagens de rua e dos fluxos de pedestres;
- degradação dos encantos visuais;
- desenvolvimento exagerado e/ou inapropriado de locais específicos; e
- perda da integridade e identidade arquitetônica.
- Como um contraponto para os pontos citados acima, impactos positivos incluem:
- preservação de construções e sítios históricos;
- criação de espaços públicos inovadores;

- restauração de prédios abandonados e espaços abertos;
- aprimoramento dos encantos visuais;
- limpeza de zonas industriais contaminadas;
- exposições de arte contemporânea no universo público; e
- desmontagem ou renovação da paisagem industrial.

Como se pode ver, o desenvolvimento de áreas funcionais turísticas urbanas tem potencial para aumentar e diminuir o ambiente urbano. A possibilidade de impactos físicos ou estéticos é mais real em situações em que o projeto de desenvolvimento proposto vai levar a uma mudança fundamental no uso comercial de dado espaço. Sob tais condições, a necessidade de se adaptar a infraestrutura – deixando a construção para fins específicos de lado e adotando estratégias mais modernas – pode acabar gerando conflitos entre quem tem valores antagônicos sobre como dada área devia "parecer" e "transmitir sensações". Isso é bastante evidente em locais com uma "paisagem histórica" predominante a ser preservada, como no caso de Plaka, The Rocks, Albert Dock, Covent Garden ou do Grote Market.

Em outros casos, embora possa haver uma mudança drástica nos propósitos comerciais, as mudanças sofridas pela paisagem são menos controversas. Antes de sua remodelação, *Honeysuckle* era um *mix* eclético e meio pretensioso de construções portuárias dos séculos XIX e XX que abrigava indústrias de suporte marítimo, fabricação de artigos leves e depósitos de lã e artigos têxteis. A demolição de todas as construções do local, salvo algumas cuja arquitetura se destacava, foi efetuada sem grande oposição pública.

Ainda assim, debates públicos sobre os processos de mudança são complexos e problemáticos, conforme indicou Searle. Uma análise crítica dos estudos de caso e outros exemplos revela que as decisões de se modificar a "paisagem" urbana não são feitas no vácuo ocioso da tradição arquitetônica ou da idiossincrasia, mas sim em meio a um turbilhão de interesses econômicos e sociais concorrentes.

Custos e benefícios econômicos

A convocação para se desenvolver áreas funcionais turísticas geralmente ocorre como reação a – ou necessidade de – mudança. Tais mudanças podem vir como uma resposta ao aumento no número de visitantes a um dado local, e a subsequente necessidade de se administrar a entrada e saída dos turistas mais eficientemente. O imperativo em relação a mudança costuma ser fruto de guinadas na economia de uma comunidade, cidade ou região importante; há vários casos que servem de exemplo para isso, como o de Albert Dock em Liverpool e o do Sheffield City Centre. Outra razão que pode motivar sua criação é reagir à economia de mudança tecnológica. Avanços na tecnologia de navegação e nos métodos de se lidar com a carga levaram ao abandono das práticas tradicionais, o que acarretou o declínio de algumas zonas portuárias urbanas e sua reformulação como mercados.

Ritchie identifica alguns motivadores econômicos e benefícios do desenvolvimento de áreas turísticas tais quais:

- criação de novas instalações;
- aumento na geração de empregos;
- aumento da atividade turística;
- construção e gestão de atrações de impacto;
- desenvolvimento de economias de aglomeração;
- efeitos colaterais de melhoria estética nas áreas da vizinhança;
- expansão da infraestrutura urbana, incluindo os transportes; e
- recuperação de economias locais em retração.

Embora haja uma espécie de aura econômica envolvendo a criação de áreas funcionais turísticas, pode haver também inconvenientes consideráveis, tais como:

- concentração de instalações e serviços em um ponto específico da cidade, drenando recursos de outras partes do lugar;
- distribuição desigual de benefícios dentro de uma comunidade;
- aumento de preços nos mercados local e turístico;
- aumento de preço de terrenos e hospedagem, o que pode provocar mudanças no cenário socioeconômico dessas comunidades; e
- desalojamento de comunidades locais.

Uma missão particularmente desafiadora é avaliar e medir os benefícios econômicos de momento das áreas funcionais turísticas, especialmente quando é preciso investir recursos financeiros periodicamente para mantê-los funcionando sem percalços. Ritchie assinala que há pouquíssimos estudos acerca dos benefícios econômicos de longo prazo gerados pelas áreas turísticas – e menos estudos ainda que se refiram àquelas que fracassaram! Ou seja, ainda que estejamos entendendo melhor essa "economia de áreas turísticas", ainda há perguntas que permanecem sem uma resposta satisfatória.

Custos e benefícios sociais

Pesquisas na área dos custos e benefícios sociais do desenvolvimento de áreas funcionais turísticas constituem uma atividade ainda recente. O foco predominante é a compreensão acerca da estrutura física das áreas funcionais turísticas (a tradicional abordagem geográfica), e as consequências econômicas de tal desenvolvimento. Uma inferência extraída do último conjunto de estudos é a de que os benefícios sociais viriam como o corolário "natural" do aumento da atividade econômica. A questão de se esse processo apresentava ou não alguma desvantagem social raramente foi abordada. Alguns estudos, como o de Pearce (1998), levaram em conta como a intensificação das atividades turísticas nessas áreas levava a contratempos nas comunidades locais, uma situação que acabava pedindo medidas de correção de rumo – mas foram poucas as vezes em que tais problemas foram analisados em detalhes.

Por meio das discussões e questões levantadas pelos autores ao longo desta obra, houve a possibilidade de ao menos progredirmos em direção a um melhor entendimento a respeito dos custos e benefícios sociais. Searle chama a atenção para os custos e benefícios diferenciais entre grupos comunitários. Usando o South Bank de Brisbane e o Covent Garden de Londres como exemplos, ele compara a relativa impotência dos moradores de Brisbane (na sua maioria, grupos migrantes de baixa renda) com a oposição organizada das comunidades predominantemente de classe média em Londres.

Em Brisbane, moradores foram desalojados (com direito a indenizações insatisfatórias), e os que ficaram tiveram de se virar em meio a uma estrutura social fragmentada, além dos menores cuidados públicos em questões como tráfego e barulho. No entanto, mais adiante no ciclo de desenvolvimento – e aí contando com o apoio de arquitetos e planejadores profissionais – o estilo "internacional" proposto foi rechaçado, em favor de uma cidade mais inclusiva e atividades de desenvolvimento mais voltadas para a região. Como consequência disso, a comunidade auferiu os benefícios em longo prazo. No caso de Londres, os moradores impediram a realização do projeto de grande porte proposto originalmente, optando por um conceito mais modesto que enfatizava uma renovação criteriosa do local e a preservação das comunidades já existentes.

Esses dois casos exemplificam alguns dos possíveis benefícios sociais que as comunidades podem ter, a saber:

- aumento de conveniências públicas;
- oportunidades de emprego;
- novos serviços e instalações;
- novas formações de comunidade;
- aumento na diversidade no mix econômico e social da comunidade; e
- aumento no poder das comunidades locais.

Dentre os custos sociais desse tipo de desenvolvimento, temos:

- comunidades fragmentadas e sem direitos;
- aumento nos valores do aluguel, que podem afugentar moradores "antigos";
- superlotação e inconveniências para os moradores da região;
- perda de espaços e locais pertencentes à comunidade; e
- perda da identificação comunitária com lugares que são "invadidos" por turistas, o que acarreta redução do senso de pertencimento à comunidade por parte de seus moradores.

Os possíveis benefícios que o desenvolvimento de áreas turísticas pode trazer às comunidades são consideráveis, assim como os custos. O grande desafio é entender de forma mais clara os processos de práticas inclusivas que legitimam tanto a atuação das comunidades quanto a participação de profissionais no planejamento e desenvolvimento de áreas públicas. É preciso, logicamente, que os planejadores de áreas funcionais turísticas entendam que o turismo pode ameaçar a qualidade de vida dos moradores de uma região. Por isso, o planejamento precisa tentar prever e mitigar esses impactos indesejados antes que eles comecem a aparecer. No entanto, devido às dificuldades em se prever acontecimentos futuros com precisão, é preciso que os administradores de áreas turísticas monitorem continuamente as reações da comunidade à medida que o processo de desenvolvimento avança, e estejam preparados para solucionar os problemas que surgirem.

Em linhas mais gerais, os planejadores e os criadores de políticas de ação têm de entender que o desenvolvimento turístico afeta não só a comunidade em si, mas também a natureza e a composição da comunidade. É preciso verificar a aceitação social quanto a tais mudanças.

OLHANDO PARA O FUTURO

Previsões de futuro envolvendo qualquer grau de precisão são problemáticas (ver Veal, 2002). A melhor forma de se prevê-lo, ao menos em médio prazo, é identificar as tendências do momento e avaliar se elas irão continuar ou não. Uma análise das áreas turísticas urbanas mostraria traços de continuidade e talvez expansão dessas tendências, dada sua centralidade para as culturas urbanas de consumo. A classe média está voltando para as cidades, e o turismo urbano está crescendo. As áreas turísticas têm oferecido "experiências compactas" para turistas sem tempo: para muitos, tais áreas são como hipermercados de experiência, nos quais é possível se envolver com a cultura, arquitetura, estética e atrações de uma cidade, por maior que ela seja, em um único ambiente – o que garante que o visitante vai conseguir aproveitar ao máximo seu tempo limitado no lugar.

No cômputo geral, é provável que as áreas turísticas urbanas sejam um fenômeno com um futuro pela frente. No papel de pesquisadores urbanos, é tarefa nossa apresentar algumas ideias que deem conta dos caminhos que as pesquisas na área poderão vir a seguir. Usando as discussões contidas neste volume como alicerce, diríamos que as pesquisas precisam se concentrar em torno de quatro temas essenciais:

(1) expectativas, experiência e comportamento do visitante em uma área turística;

(2) impacto da atividade turística em seus principais interessados, nos âmbitos econômico, social e cultural, com ênfase nas consequências em longo prazo do desenvolvimento de áreas turísticas;

(3) *design*, planejamento e *marketing* de áreas turísticas como resposta aos pontos anteriores, em especial relativo a uma conciliação de interesses entre o visitante e os *stakeholders*;

(4) relações e interações entre o ambiente construído (*design*, planejamento e gestão) e as expectativas, experiência e comportamento do visitante (seja um turista ou um morador).

Questões de pesquisa que surgem a partir do apresentado neste livro incluem:

- Como determinar e planejar as funções específicas que uma área turística desempenha ao modelar a experiência do visitante?
- Que estratégias podem ser usadas para atenuar os conflitos entre interessados em épocas de mudança?
- Como as "vozes" e perspectivas locais podem ser ouvidas de forma mais efetiva durante os processos de planejamento e gestão?
- Como garantimos que as áreas turísticas vão oferecer oportunidades para experiências que saciem as demandas de turistas e moradores?
- De que forma as áreas turísticas e as outras atrações de uma cidade "trabalham juntas" para criar o todo da experiência turística?
- Quais os benefícios (ou custos) em longo prazo do desenvolvimento de áreas turísticas?
- Como entender melhor os processos, oportunidades ou comportamentos que estimulam o desenvolvimento orgânico de áreas turísticas?
- Que papel os profissionais do *marketing* de destinos turísticos urbanas desempenham na tarefa de estimular o surgimento e crescimento de novas áreas turísticas?
- Que fatores levam à desvalorização ou fracasso de uma área turística?
- Quais são os fatores de sucesso para uma área turística que consegue se sustentar?

As respostas para essas perguntas – e para as várias outras que passam por sua cabeça conforme você aplica sua própria perspectiva intelectual a este material – têm uma repercussão teórica e profissional. Tais repercussões não envolvem apenas ideias e aplicações, elas tratam da qualidade da experiência em uma cidade. Tal qualidade é moldada e mantida pelas interações de indivíduos e grupos com a estrutura física, econômica, cultural e social da cidade. Para um visitante travar relações com uma cidade e então querer voltar para ela mais vezes, é preciso que suas experiências nessas áreas funcionais turísticas tenham alguma importância. Quando ele vai a uma dessas áreas, ele não pode simplesmente entrar em um espaço que pertence a uma cidade; ele tem de adentrar um local repleto de significados.

Referências

ALEXANDER, C. (1979). *The timeless way of building*. New York: Oxford University Press.

ANDERSON, K., & Gale, F. (Eds.) (1992). *Inventing places: studies in cultural geography*. Melbourne: Longman Cheshire.

ARCHER, B., Cooper, C. & Ruhanen, L. (2005). The positive and negative impacts of tourism. In W.F. Theobald (Ed.), *Global tourism* (3rd edn, pp. 79–102). Burlington, MA: Elsevier.

ASHTON, P. (1993). *The accidental city: planning Sydney since 1788*. Sydney: Hale and Iremonger.

ASHWORTH, G.J. (1988). Marketing the historic city for tourism. In B. Goodall, & G.J. Ashworth (Eds.), *Marketing in the tourism industry: the promotion of destination regions* (pp. 162–175). London: Croon Helm.

ASHWORTH, G.J. (1989). Urban tourism: an imbalance in attention. In C.P. Cooper (Ed.), *Progress in tourism, recreation and hospitality management: volume 1* (pp. 33–54), London: Belhaven.

ASHWORTH, G.J. (2003). Urban tourism: still an imbalance in attention? In C. Cooper (Ed.), *Classic reviews in tourism* (pp. 143–163). Clevedon: Channel View Publications.

ASHWORTH, D.J. & Dietvorst, A.G.J. (1995). Tourism transformations: an introduction, Chapter 1. In D.J. Ashworth, & A.G.J. Dietvorst (Eds.), *Tourism and spatial transformations: implications for policy and planning*. Wallingford, Oxon: CAB International.

Ashworth, G.J. & de Haan, T.Z. (1985). *The tourist-historic city: a model and initial application in Norwich. U.K.* Groningen University, The Netherlands: Field Studies Series, No. 8, Geographical Institute, University of Groningen.

ASHWORTH, G.J. & Tunbridge, J.E. (1990). *The tourist-historic city*. London: Belhaven.

ASHWORTH, G.J. & Tunbridge, J.E. (2000). *The tourist-historic city: retrospect and prospect of managing the Heritage City*. Amsterdam: Pergamon.

ASHWORTH, G.J. & Tunbridge, J.E. (2000). *The tourist-historic city: retrospect and prospect of managing the Heritage City* (2nd edn.). Amsterdam: Pergamon.

ASHWORTH, G.J. White, P., & Winchester, H. (1988). The red light district in the West European city. *Geoforum*, 19(2), 201–212.

Athens News Agency Bulletin (1996). Stiff Measures to Protect Historical Character of Plaka. Athens: Greek Press and Information Office (n. 1.064). December 12

AUGÉ, M. (1995). *Non-places: an introduction to an anthropology of supermodernity*. London: Verso.

BÆRENHOLDT, J.O. (2003). *Performing tourist places*. Aldershot, Hants: Ashgate.

BAGNALL, G. (1998). Mapping the museum: the cultural consumption of two north west heritage sites. Unpublished PhD thesis, University of Salford: Salford.

BAGNALL, G. (2003). Performance and performativity at heritage sites. *Museum and society*, 1(3), 1–33.

BAGNALL, G. (2003). Performance and performativity at heritage sites. *Museum and society*, 1, 87–103.

BAILEY, C. (1993). The politics of work in an enterprise culture: technology networks and the revival of the inner cities. *Journal of design history*, 6(3), 185–197.

BALSAS, C. (2004). City regeneration in the context of the 2001 European capital of culture in Porto, Portugal. *Local economy*, 19(4), 396–410.

BALSHAW, M., & KENNEDY, L. (2000). Introduction: urban space and representation. In L. Kennedy (Ed.), *Urban space and representation*. London: Pluto Press.

BARKER, R. (1968). *Ecological psychology: concept and methods for studying the environment of human behavior*. Stanford, CA.

BARNEKOV, T., BOYLE, R., & RICH, D. (1989). *Privatism and urban policy in Britain and the United States*. Oxford: Oxford University Press.

BAUMAN, Z. (1994). Fran pilgrim till turist. *Moderna Tider*. September, 20–34.

BEEHO, A.J., & Prentice, R.C. (1997). Conceptualizing the experiences of heritage tourists: a case study of New Lanark World Heritage Village. *Tourism management*, 18(2), 75–87.

BENJAMIN, W. (1979). *One way street and other writings*. London: Verso.

BERNSTEIN, D. (2004) Just a quite night at home. *Crains Chicago business*, 3 May, p. 7.

BERRY, B. (1968). A synthesis of formal and functional regions using a general field theory of spatial behaviour. In B. Berry, & D. Marble (Eds.), *Spatial analysis: a reader in statistical geography*. Englewood Cliffs, NJ: Prentice-Hall.

BLUM, A. (2003). *Imaginative structure of the city*. Montreal, PQ, Canada: McGill-Queen's University Press.

BOERWINKEL, H.W.J. (1995). Management of recreation and tourist behaviour at different spatial levels. In D.J. Ashworth, & A.G.J. Dietvorst (Eds.), *Tourism and spatial transformations: implications for policy and planning* (pp. 241–263). Wallingford, Oxon: CAB International.

BOUDEVILLE, J.R. (1966). *Problems of regional economic planning*. Edinburgh: University Press.

BRAMWELL, B. (1998). User satisfaction and product development in urban tourism. *Tourism management*, 18(1), 35–47.

BRIGGS, S. (2000). Destinations with a difference – attracting visitors to areas with cultural diversity. *Insights*, July 2000, C1–C8 English Tourism Council.

BURNETT, A.D. (1984). The application of alternative theories in political geography: the case of political participation. In P. Taylor, & J. House (Eds.), *Political geography: recent advances and future directions* (pp. 25–49). London and Totowa, NJ: Croom Helm and Barnes and Noble Books.

BURTENSHAW, D., BATEMAN, M., & ASHWORTH, G. (1991). *The european city*. London: David Fulton Publishers.

BURTENSHAW, D., BATEMAN, M., & ASHWORTH, G.J. (1991). *The european city: a western perspective*. London: David Fulton Publishers.

CAMPBELL, C. (1987). *The romantic ethic and the spirit of modern consumerism*. Oxford: Blackwell.

CANTER, D. (1977). *The psychology of place*. London: Architectural Press.

CARMONA, M., HEATH, T., TANER, Oc., & TIESDELL, S. (2003). *Public places, urban spaces: the dimensions of urban design*. Oxford: Architectural Press.

CASTELLS, M. (1983). *The city and the grassroots*. London: Edward Arnold.

CHANG, C., MILNE, T.S., FALLON, D., & POHLMANN, C. (1996). Urban heritage tourism: the global-local nexus. *Annals of tourism research*, 23(2), 284–305.

CHANG, T.C. (2000). Theming cities, taming places: insights from Singapore. *Geografiska annaler*, 82, 35–54.

Chicago Convention and Visitors Bureau (2006). *Homepage*. Available at www.choosechicago.com (accessed 20 August 2006).

CHRISTALLER, W. (1966). *Central places in Southern Germany*, trans. C.W. Baskin. Englewood Cliffs and London: Prentice Hall (German Edition, 1933).

CHRISTENSEN, T. (1979). Covent Garden: a struggle for survival. *Political quarterly*, 50(3), 336–348.

City of Melbourne (no date). *Discover Melbourne's precincts*, pp. 1–18.

COALTER, F., Allison, M., & Taylor, J. (2000). *The role of sport in regenerating deprived urban areas*. Edinburgh: Centre for Leisure Research, University of Edinburgh, The Scottish Executive Central Research Unit.

COHEN, E. (1995). Touristic craft ribbon development in Thailand. *Tourism management*, 16(3), 225–235.

CONFORTI, J.M. (1996). Ghettos as tourism attractions. *Annals of tourism research*, 23(4), 830–842.

COSTA, N., & Martinotti, G. (2003). Sociological theories of tourism and regulation theory. In L.M. Hoffman, S.S. Fainstein, & D.R. Judd (Eds.), *Cities and visitors. Regulating people, markets, and city space* (pp. 53–71). Oxford: Blackwell.

CRAIG-SMITH, S.J. (1995). The role of tourism in inner-harbor redevelopment: a multinational perspective. In S.J. Craig-Smith, & M. Fagence (Eds.), *Recreation and tourism as a catalyst for urban waterfront redevelopment: an international survey* (pp. 15–35). Westport CT: Praeger.

CRAIG-SMITH, S.J., & FAGENCE, M. (Eds.) (1995). *Recreation and tourism as a catalyst for urban waterfront redevelopment: an international survey*. Westport, CT: Praeger.

CRAIK, J. (1992). Expo 88: fashions of sight and politics of site. In T. Bennett, P. BUCKRIDGE, D. Carter, & C. Mercer (Eds.), *Celebrating the nation: a critical study of Australia's bicentenary* (pp. 142–159). St Leonards, NSW: Allen & Unwin.

CRANG, M. (1997). Picturing practices: research through the tourist gaze. *Progress in human geography*, 21(3), 359–373.

CRESWELL, T. (2004). *Place: a short introduction*. Carlton: Blackwell Publishing.

CROUCH, D. (2000). Tourism representations and non-representative geographies: making relationships between tourism and heritage active. In M. Robinson, N. Evans, P. Long, R. Sharpley, & J. Swarbrooke (Eds.), *Tourism and heritage relationships: global, national and local perspectives* (pp. 93–104). Sunderland: Business Education Publishers.

CULLER, J. (1981). Semiotics of tourism. *American Journal of Semiotics*, 1, 127–140.

DALY, M., & MALONE, P. (1996). Sydney: the economic and political roots of Darling Harbour. In P. Malone (Ed.), *City, capital and water* (pp. 90–108). London: Routledge.

DAY, P. (1988). *The big party syndrome: a study of the impact of special events and inner urban change in Brisbane*. St Lucia, Qld: Department of Social Work, University of Queensland.

DEFFNER, A. (2005). The combination of cultural and time planning: a new direction for the future of European cities. *City*, 9(1), 125–141.

Department of the Environment, Transport and the Regions (DETR) (1996). *Four world cities: a comparative study of London, Paris, New York and Tokyo (Urban Research Summary n. 7)*. London: DETR.

Department of the Environment, Transport and the Regions (DETR) (1998). *Regeneration research summary: regenerating London Docklands (n. 16)*. London: DETR.

DIETVORST, A.G.J. (1995). Tourist behaviour and the importance of time–space analysis. In D.J. Ashworth, & A.G.J. Dietvorst (Eds.), *Tourism and spatial transformations: implications for policy and planning (chapter10)*. Wallingford, Oxon: CAB International.

DIETVORST, A.G.J. (1995). Tourist behaviour and the importance of time–space analysis. In G.J. Ashworth, & A.G.J. Dietvorst (Eds.), *Tourism and spatial transformations* (pp. 163–181). Wallingford, CT: CAB International.

DODSON, B., & KILLIAN, D. (1998). From port to playground: The redevelopment of the Victoria and Alfred Waterfront, Cape Town. In D. Tyler, Y. Guerrirer, & M. Robertson (Eds.) *Managing tourism in cities: policy, process and practice* (pp. 1139–1162). Chichester: John Wiley & Sons.

DOVEY, K. (2005). *Fluid city: transforming Melbourne's urban waterfront.* Sydney and Abingdon: UNSW Press and Routledge.

DOXEY, G.V. (1975). A causation theory of visitor-resident irritants, methodology and research inferences. The impact of tourism. *Sixth Annual Conference Proceedings of the Travel Research Association*, San Diego, CA.

ECHTNER, C.M. (1999). The semiotic paradigm: implications for tourism research. *Tourism management*, 20(1), 47–57.

ECO, U. (1986). *Travels in hyper-reality.* London: Picador.

ECONOMOU, D., BETOURA, D., & LOUKISSAS, P. (1997). The impact of the pedestrianisation of the Plaka district. *Technica chronica: Scientific Journal of the TCG*, 17(2), 33–49.

EDENSOR, T. (2000). Staging tourism – tourists as performers. *Annals of Tourism Research*, 27(2), 322–344.

EDENSOR, T., & Kothari, U. (2003). Sweetening colonialism: a Mauritian themed resort. In D.M. Lasansky, & B. McClaren (Eds.), *Architecture and tourism* (pp. 189–205). OXFORD: BERG.

EDWARDS, D., GRIFFIN, T., & HAYLLAR, B. (2007). *Development of an Australian urban tourism research agenda.* Technical Report, CRC for Sustainable Tourism Pty Ltd, Gold Coast.

ESHER, L. (1981). *A broken wave: the rebuilding of England 1940–1980.* London: Allen Lane.

ESSEX, S., & Chalkley, B. (1998). Olympic Games: catalyst of urban change. *Leisure studies*, 17(3), 187–206.

EUCHNER, C. (1993). *Playing the field: why sports teams move and cities fight to keep them.* Baltimore, MD: John Hopkins University Press.

EVANS, G. (2003). Hard branding the cultural city: from Prado to Prada. *International Journal of Urban and Regional Research*, 27(2), 417–440.

FAGENCE, M. (1995). Episodic progress towards a grand design: waterside redevelopment of Brisbane's South Bank. In S.J. Craig-Smith, & M. Fagence (Eds.), *Recreation and tourism as a catalyst for urban waterfront redevelopment: an international survey* (pp. 71–90). Westport, CT: Praeger.

FIELDS, K., & HUMPHREYS, C. (2002). Birmingham's Jewellery Quarter: Is spatial integration a key requirement for success?. In N. Andrews, S. Flanagan, & J. Ruddy (Eds.), *Innovation in tourism planning* (pp. 39–53). Dublin: Tourism Research Centre, DIT.

FINN, A., & ERDEM, T. (1995). The economic impact of a mega-multi mall: estimation issues in the case of West Edmonton Mall. *Tourism management*, 16(5), 367–373.

FLYVBJERG, B. (1998). *Rationality and power: democracy in practice* Chicago, IL: University of Chicago Press.

FOUCAULT, M. (1977). *Discipline and punish.* London: Tavistock.

FOUCAULT, M. (1986). Of other spaces. *Diacritics.* Spring, 22–27.

FRIEDMANN, J. (1973). *Urbanization, planning and national development.* London: Sage. Westport CT: Praeger.

FRANKLIN, A., & CRANG, M. (2001). The trouble with tourism and travel theory? *Tourist studies*, 1(1), 5–22.

FULLAGER, S. (2001). Encountering otherness: embodied affect in Alphonso Lingis' travel writing. *Tourist studies*, 1(1), 171–183.

FULLER, S.S. (1995). Planning for waterfront revitalization – the Alexandria experience, Virginia, the United States. In S.J. Craig-Smith, & M. Fagence (Eds.), *Recreation and tourism as a catalyst for urban waterfront redevelopment: an international survey* (pp. 37–52). Westport, CT: Praeger.

GEHL, J. (2002). *Public spaces and public life: city of Adelaide 2002.* Adelaide: South Australian Government, City of Adelaide Capital City Committee.

GEHL, J., & GEMZOE, L. (2001). *New city spaces.* Copenhagen: The Danish Architectural Press.

GENTRY, C. (2001). The sport of shopping. *Chain store age*, 77(9), 137–138.

GETZ, D. (1993). Planning for tourism business districts. *Annals of tourism research*, 20, 583–600.

Getz, D. (1993a). Planning for tourism business districts. *Annals of tourism research*, 20(3), 583–600.

GETZ, D. (1993a). Planning for tourism in business districts. *Annals of tourism research*, 20(4), 583–600.

GETZ, D. (1993b). Tourist shopping villages: development and planning strategies.

Tourism management, 14(1), 15–26.

GETZ, D., JONCAS, D., & KELLY, M. (1994). Tourist shopping villages in the Calgary region. *Journal of Tourism Studies*, 5(1), 2–15.

GIBSON, J.J. (1977). The theory of affordances. In R. Shaw, & J. Bransford (Eds.), *Perceiving, acting, and knowing: toward an ecological psychology.* Hillsdale, NJ: Erlbaum.

GIBSON, J.J. (1979). *The ecological approach to visual perception.* Hillsdale, NJ: Erlbaum.

GILBERT, D., & JOSHI, I. (1992). Quality management in tourism and hospitality industry. In C. Cooper, & A. Lockwood (Eds.), *Progress in tourism, recreation and hospitality management* (pp. 149–168). London: Belhaven.

Goffman, E. (1959). *The presentation of self in everyday life.* New York: Anchor.

Goodwin, M. (1993). The city as a commodity: the contested spaces of urban development. In G. Kearns, & C. Philo (Eds.), *Selling places: the city as cultural capital, past and present* (pp. 145–162). Oxford: Pergamon Press.

GOSS, J. (1999). Once-upon-a-lifetime in the commodity world: an unofficial guide to the Mall of America. *Annals of the Association of American Geographers*, 89(1), 45–75.

GOSS, J.D. (1993). Place the market and marketing place. *Environment and planning D: society and space*, 11, 663–688.

GOSPODINI, A. (2001). Urban design, urban space morphology, urban tourism: an emerging new paradigm concerning their relationship. *European planning studies*, 9(7), 925–934.

GOULD, P. (1973). On mental maps. In R.M. Downs, & D. Stea (Eds.), *Image and environment: cognitive mapping and spatial behaviour*. Chicago, IL: Adine.

GRATTON, C., DOBSON, N., & SHIBL, S. (2000). The economic importance of major sports events: a case study of six events. *Managing leisure*, 5(1), 17–28.

GREENO, J.G. (1994). Gibson's affordances. *Psychological review*, 101, 336–342.

GRIFFIN, T., & HAYLLAR, B. (2006). Historic waterfronts as tourism precincts: an experiential perspective. *Tourism and hospitality research*, 7(1), 3–16.

GRIFFIN, T., & HAYLLAR, B. (2006a). The tourist experience of historic waterfront precincts. Presented at *Cutting edge research in tourism – new directions, challenges and applications* (CD-ROM). University of Surrey, UK, 6–9 June.

GRIFFIN, T., HAYLLAR, B., & KING, B. (2006). City spaces, tourist places? An examination of tourist experiences in Melbourne's riverside precincts. In G.B. O'Mahony, & P.A. Whitelaw (Eds.), *CAUTHE: proceedings of 16th Annual Conference: To the City and Beyond* (pp. 1036–1050) (CD-ROM). Victoria University, Melbourne, 6–9 February.

GRIFFIN, T., HAYLLAR, B., & KING, B. (2006). City spaces, tourist places: an examination of tourist experiences in Melbourne's riverside precincts. *To the city and beyond, proceedings of the CAUTHE Conference*, Melbourne 6–9 February, CD ROM, pp. 1.036–1.050.

GUNN, C.A. (1994). *Tourism planning: basics, concepts, cases*. Washington, DC: Taylor & Francis.

HALDRUP, M., & LARSEN, J. (2006). Material cultures of tourism. *Leisure studies*, 25, 275–289.

HALL, C.M. (1995). *Introduction to tourism in Australia: impacts, planning and development*. Melbourne: Longman.

HALL, C.M. (2004). Sports tourism and urban regeneration. In B.W. Ritchie, & D. Adair (Eds.) *Sport tourism: interrelationships, impacts and issues* (pp. 192–206). Clevedon: Channel View Publications.

HALL, C.M. (2005). *Tourism: rethinking the social science of mobility*. Harlow, Essex: Pearson.

HALL, C.M., & SELWOOD, J.H. (1995). Event tourism and the creation of a postindustrial portscape: the case of Fremantle and the 1987 America's Cup. In S.J. CRAIG-SMITH, & M. FAGENCE (Eds.), *Recreation and tourism as a catalyst for urban waterfront redevelopment: an international survey* (pp. 105–114). Westport CT: Praeger.

HALL, P. (1988). *Cities of tomorrow*. Blackwell: Oxford.

HANNIGAN, J. (1998). *Fantasy city: pleasure and profit in the post-modern metropolis*. London: Routledge.

HARTLEY, J. (1988). Liverpool's dockland heritage. *History today*, 38(2), 6.

HARVEY, D. (1989). *The urban experience*. Oxford: Blackwell.

HAYLLAR, B., & GRIFFIN, T. (2005). The precinct experience: a phenomenological approach. *Tourism management*, 26(4), 517–528.

HAYLLAR, B., & GRIFFIN, T. (2006). A tale of two precincts: a phenomenological analysis. Presented at *Cutting edge research in tourism – new directions, challenges and applications* (CD-ROM). University of Surrey, UK, 6–9 June.

HEIDEGGER, M. (1927/1977). *Being and time*. Oxford: Blackwell.

HEILBURN, J. (1981). *Urban economics and public policy* (2nd edn). New York: St Martin's Press.

HENDERSON, J. (2000). Food hawkers and tourism in Singapore. *International Journal of Hospitality Management*, 19, 109–117.

HENDERSON, J. (2003). Ethnic heritage as a tourist attraction: the Peranakans of Singapore. *International Journal of Heritage Studies*, 9(1), 27–44.

HOFFMAN, L., & MUSIL, J. (1999). Culture meets commerce: tourism in postcommunist Prague. In D. Judd, & S. Fainstein (Eds.), *The tourist city* (pp. 179–197). New Haven: Yale University Press.

HOFFMAN, L., FAINSTEIN, S., & JUDD, D. (2003). *Cities and visitors: regulating people, markets and city space*. Oxford: Blackwell Publishing Ltd.

HOFFMAN, L.M., FAINSTEIN, S.S., & JUDD, D.R. (2003). *Cities and Visitors: Regulating people, markets and city space*. Malden MA: Blackwell Publishing.

HOLMES, D. (2001). *Virtual globalization: virtual spaces/tourist spaces*. London: Routledge.

HOYLE, B. (2000). Global and local change on the port-city waterfront. *Geographical review*, 90(3), 395–417.

HOYLE, B. (2001). Lamu: waterfront revitalization in an East African port-city. *Cities*, 18(5), 297–313.

HSIEH, A., & CHANG, J. (2006). Shopping and tourist night markets in Taiwan. *Tourism management*, 27, 138–145.

HUTTON, T. (2004). The new economy of the inner city. *Cities*, 21(2), 89–108.

HUXLEY, M. (1991). Darling Harbour and the immobilisation of the spectacle. In P. Carroll, K. Donohue, M. McGovern, & J. McMillen (Eds.), *Tourism in Australia* (pp. 141–152). Sydney: Harcourt Brace Jovanovich.

IBRAHIM, M., & LENG, S. (2003). Shoppers perceptions of retail developments: suburban shopping centres and night markets in Singapore. *Journal of Retail and Leiure Property*, 3(2), 176–189.

ISMAIL, H., & BAUM, T. (2006). Urban tourism in developing countries: the case of Melaka (Malacca) City, Malaysia. *Anatolia*, 17(2), 211–234.

JAMAL, T., & HOLLINSHEAD, K. (2001). Tourism and the forbidden zone: the underserved power of qualitative inquiry. *Tourism Management, 22*, 63–82.

JANSEN-VERBEKE, M. (1986). Inner city tourism: resources, tourists, promoters. *Annals of Tourism Research, 13*(1), 79–100.

JANSEN-VERBEKE, M., & ASHWORTH, G. (1990). Environmental integration of recreation and tourism. *Annals of Tourism Research, 17*(4), 618–622.

JANSEN-VERBEKE, M., & VAN DE WIEL, E. (1995). Tourist behaviour and the importance of time–space analysis. In G.J. Ashworth, & A.G.J. Dietvorst (Eds.), *Tourism and spatial transformations: implications for policy and planning*. Wallingford, CT: CAB International.

JANSEN-VERBEKE, M., & VAN DE WIEL, E. (1995). Tourism planning in urban revitalization projects: lessons from the Amsterdam waterfront development. In D.J. Ashworth, & A.G.J. Dietvorst (Eds.), *Tourism and spatial transformations: implications for policy and planning (chapter 8)*. Wallingford, Oxon: CAB International.

JANSEN-VERBEKE, M. (1998). Tourismification of historical cities. *Annals of Tourism Research, 25*, 739–742.

JANSEN-VERBEKE, M., & LIEVOIS, E. (1999). Analysing heritage resources for urban tourism in European cities. In D.G. Pearce, & R.W. Butler (Eds.), *Contemporary issues in tourism development: analysis and applications*. London and New York: Routledge.

JONES, A. (2007). On the water's edge: developing cultural regeneration paradigms for urban waterfronts. In M.K. Smith (Ed.), *Tourism, culture and regeneration* (pp. 143–150). Wallingford, CT: CAB International.

JONES, C. (2001). A level playing field? Sports stadium infrastructure and urban development in the United Kingdom. *Environment and planning A, 33*, 845–861.

Jones Lang LaSalle (2002). *Liverpool city centre, residential capacity study*. Final Report for Liverpool Vision (December).

JUDD, D. R. (1995). Promoting tourism in US cities. *Tourism management, 16*(3), 175–187.

JUDD, D. R. (1999). Constructing the tourist bubble. In D. Judd, & S. Fainstein (Eds.), *The tourist city* (pp. 35–53). New Haven: Yale University Press.

JUDD, D.R. (2003). *The infrastructure of play: building the tourist City*Armonk, NY: M.E. Sharpe.

JUDD, D.R. (2004). The spatial ecology of the city. In L.M. Hoffman, S.S. Fainstein, & D.R. Judd (Eds.), *Cities and visitors: regulating cities, market, and city space*. New York: Blackwell.

JUDD, D.R., & FAINSTEIN, S.S. (1999). *The tourist city*. New Haven: Yale University Press.

JUNEMO, M. (2004). 'Let's build a palm island!': playfulness in complex times. In M. JUDD, D., & SWANSTROM, J. (1998). *City politics: private power and public policy*. New York: Longman.

SHELLER, & J. URRY (Eds.), *Tourism mobilities: places to play, places in play* (pp. 181–191). London and New York: Routledge.

KAISER, R. (1997). Blazing a trail through lost Chicago. *Chicago Tribune*, 5 August, p. 11.

KAMIN, B. (2006). Navy Pier's cheesy makeover plan is full of holes. *Chicago Tribune*, 22 January, 12.

KARSKI, A. (1990). Urban tourism: a key to urban regeneration? *The planner*, 76(13), 15–17.

KELLY, G.A. (1955). *The psychology of personal constructs*. New York: Norton.

KELLY, I., & NANKERVIS, T. (2001). *Visitor destinations*. Milton, Qld.: Wiley.

KENNEDY, M. (2001). This is the favourite exhibit in the world's favourite museum of modern art. *The guardian*, 12 May.

KENT, W., SHOCK, P., & SNOW, E. (1983). Shopping: tourism's unsung hero(ine). *Journal of Travel Research*, 21(4), 2–4.

KILMARTIN, L., & THORNS, D.C. (1978). *Cities unlimited: the sociology of urban development in Australia and New Zealand*. Sydney: George Allen & Unwin.

LANG, J.T. (1987). *Creating architectural theory: the role of the behavioral sciences in environmental design*. New York: Van Nostrand Reinhold.

LAU, A., & MCKERCHER, B. (2004). Exploration versus acquisition: a comparison of first-time and repeat visitors. *Journal of Travel Research*, 42, 279–285.

LAW, C.M. (1985). *Urban tourism: selected British case studies*. Salford, UK: Urban Tourism Project Working Paper n. 1, Department of Geography, University of Salford.

LAW, C.M. (1993). *Urban tourism: attracting visitors to large cities*. London: Mansell.

LAW, C.M. (1996). *Tourism in major cities*. London: International Thomson Business Press.

LAW, C.M (2000). Regenerating the city center through leisure and tourism. *Built environment*, 26, 117–129.

LAW, C.M (2002). *Urban tourism: the visitor economy and the growth of large cities* (2nd edn). New York: Continuum.

LAW, C.M (2002). *Urban tourism: the visitor economy and the growth of large cities* (2nd edn). London: Continuum.

LAWS, E., & LE PELLEY, B. (2000). Managing complexity and change in tourism. *International Journal of Tourism Research*, 2(4), 229–245.

LEFEBVRE, H. (1991). *The production of space*. Oxford: Blackwell Publishing.

LEIPER, N. (1990). Partial industrialization of tourist systems. *Annals of Tourism Research*, 17, 600–605.

LEIPER, N. (1993). Industrial entropy in tourism systems. *Annals of Tourism Research*, 20(2), 221–225.

LEONTIDOU, L, AFOUXENIDIS, A., & KOURLIOUROS, E. (2002). *Causes of urban sprawl in Athens and East Attica, 1981–2001*. Report by the Hellenic Open University, Unit of Geography and European Culture (September).

LEWIN, K. (1951). *Field theory in social science*. New York: Harper & Row.

Liverpool City Council (2004). *Council regeneration and development in Liverpool city centre, 1995–2004*, July, UK: Liverpool City Council.

LOGAN, J., & MOLOTCH, H. (1987). *Urban fortunes: the political economy of place*. Berkeley, CA: University of California Press.

LONEY, N., CARPENTER, J., & DUTTON, C. (2004). Risks in regeneration. *Regeneration and renewal*, 30 July, 18–25.

LOUKAKI, A. (1997). Whose genius loci? Contrasting interpretations of the 'sacred rock' of the Athenian Acropolis. *Annals of the Association of American Geographers*, 87(2), 306–329.

LYNCH, B. (1999). Street foods: urban food and employment in developing countries. *Gender and society*, 13(4), 563–565.

MACCANNELL, D. (2001). Tourist agency. *Tourist studies*, 1(1), 23–37.

MAITLAND, R. (2007). Culture, city users and the creation of new tourism areas in cities. In M.K. Smith (Ed.), *Tourism, culture and regeneration* (pp. 25–34). Wallingford, CT: CAB International.

MAITLAND, R. (2006). Tourists, conviviality and distinctive tourism areas in London. Presented at *Cutting edge research in tourism – new directions, challenges and applications* (CD-ROM). University of Surrey, UK, 6–9 June.

MAITLAND, R., & NEWMAN, P. (2004). Developing tourism on the fringe of central London. *International Journal of Tourism Research*, 6(5), 339–348.

MASBERG, B.A., & SILVERMAN, L.-H. (1996). Visitor experiences at heritage sites. *Journal of Travel Research*, Spring, 20–25.

MCCARRON, J. (1997). Downtown Unchained? The building boom is back. *Chicago Tribune*, 11 August, p. 18.

MCCARTHY, J. (2002). Entertainment-led regeneration: the case of Detroit. *Cities*, 19(2), 105–111.

MCDONNELL, I., & DARCY, S. (1998). Tourism precincts: a factor in Fiji's fall from favour and the rise of Bali. *Journal of Vacation Marketing*, 4(4), 353–367.

MCINTOSH, A.J., & PRENTICE, R.C. (1999). Affirming authenticity: consuming cultural heritage. *Annals of Tourism Research*, 26(3), 589–612.

MCMANUS, P.M. (1998). Preferred pedestrian flow: a tool for designing optimum interpretive conditions and visitor pressure management. *Journal of Tourism Studies*, 9(1), 40–50.

MEETHAN, K. (1996). Consuming (in) the civilized city. *Annals of Tourism Research*, 23, 322–340.

Melbourne Convention and Visitors Bureau (MCVB) (2006). *New developments*. Available at www.mcvb.com.au (accessed 17 November 2006).

MELLOR, A. (1991). Enterprise and heritage in the dock. In J. Corner, & S. Harvey (Eds.), *Enterprise and heritage: crosscurrents of national culture* (pp. 93–115). London: Routledge.

MERLEAU-PONTY, M. (1962). *Phenomenology of perception*. London: Routledge and Kegan Paul.

METZGER, J. (2001). The failed promise of a festival marketplace: South Street Seaport in lower Manhattan. *Planning perspectives*, 16, 25–46.

MEYER-ARENDT, K. (1990). Recreational business districts in the Gulf of Mexico seaside resorts. *Journal of Cultural Geography*, 11, 39–55.

MIDDLETON, M.C. (2000). The tourist maze: people and urban space. In M. Robinson (Ed.), *Reflections on international tourism: developments in urban and rural tourism* (pp. 111–123). Sunderland: Centre for Travel and Tourism in association with Business Education Publishers.

MITCHELL, C., PARKIN, T., & HANLEY, S. (1998). Are tourists a blessing or bane? Resident attitudes towards tourism in the village of St Jacobs, Ontario. *Small town*, 28(6), 18–23.

MOLLENKOPF, J.H. (1983). *The contested city*. Princeton, NJ: Princeton University Press.

MOLLENKOPF, J.H. (1994). How to study urban power. Reprinted in E.A. Strom, & J.H. MOLLENKOPF (Eds.) (2007), *The urban politics reader* (pp. 99–109). London: Routledge.

MONTGOMERY, J. (2003). Cultural quarters as mechanisms for urban regeneration. Part 1: Conceptualising cultural quarters. *Planning, practice and research*, 18(4), 293–306.

MONTGOMERY, J. (2004). Cultural quarters as mechanisms for urban regeneration. Part 2: A review of four cultural quarters in the UK, Ireland and Australia. *Planning, practice and research*, 19(1), 3–31.

MOSCARDO, G. (2004). Shopping as a destination attraction: an empirical examination of the role of shopping in tourists' destination choice and experience. *Journal of Vacation Marketing*, 10(4), 294–307.

MPEA (2005). *Navy Pier survey*, Chicago Office of Tourism, Chicago, June.

MULLINS, P. (1991). Tourism urbanization. *International Journal of Urban and Regional Research*, 15(3), 326–342.

MURAYAMA, M., & PARKER, G. (2007). Sustainable leisure and tourism space development in post-industrial cities: the case of Odaiba, Tokyo, Japan. In M.K. Smith (Ed.), *Tourism, culture and regeneration* (pp. 69–84). Wallingford, CT: CAB International.

NASH, C. (2000). Performativity in practice: some recent work in cultural geography. *Progress in human geography*, 24(4), 653–664.

NASSER, N. (2003). Planning for urban heritage places: reconciling conservation, tourism, and sustainable development. *Journal of Planning Literature*, 17(4), 467–479.

Newman, H. (2002). Race and the tourist bubble in downtown Atlanta. *Urban public affairs*, 37(3), 301–321.

NEWMAN, T., CURTIS, K., & STEPHENS, J. (2003). Do community-based arts projects result in social gains? A review of the literature. *Community Development Journal*, 38(4), 310–322.

NOBLE, L. (2001). South Bank dreaming. *Architecture Australia*, 90(5), 86–93.

North West Tourist Board (2003). *Destination benchmarking 2002*. Liverpool Report, March.

O'CONNOR, T.H. (1993). *Building a new Boston: politics and urban renewal 1950–1970*. Boston, MA: Northeastern University Press.

PAGE, S.J. (1995). *Urban tourism*. London: Routledge.

PAGE, S.J. (1995). *Urban tourism*. New York: Routledge.

PAGE, S.J. (1999). Urban recreation and tourism. In C.M. Hall, & S.J. Page (Eds.), *The PAGE, S.J.. (1995a). Waterfront revitalization in London: market: led planning and tourism in London Docklands. In S.J. Craig-Smith, & M. Fagence (Eds.), Recreation and tourism as a catalyst for urban waterfront redevelopment: an international survey* (pp. 53–70). Westport, CT: Praeger.

PAGE, S.J. & Hall, C.M. (2003). *Managing urban tourism*. Harlow: Pearson Education.

PAGE, S.J. & Hall, C.M. (2003). *Managing urban tourism*. Harlow: Prentice-Hall. *Geography of tourism and recreation* (pp. 160–177). London: Routledge.

PAGE, S.J. & Hall, C.M. (2003). *Managing urban tourism*. Harlow, Essex: Pearson.

PARASURAMAN, A., ZEITHAML, V., & BERRY, L. (1985). A conceptual model of service quality and its implications for future research. *Journal of Marketing*, 49, 41–50.

Pearce, G. (1994). Conservation as a component of urban regulation. *Regional Studies*, 28(1), 88–94.

PEARCE, D.G. (1998). Tourist districts in Paris: structure and functions. *Tourism management*, 19(1), 49–66.

PEARCE, D.G. (2001). An integrative framework for urban tourism research. *Annals of Tourism Research*, 28(4), 926–946.

PICKVANCE, C.G. (1976). *Urban sociology: critical essays*. London: Tavistock.

PIGGIN, J.-B. (2007). Mourning Beiging's lost spirit. *The nation*, Sunday edn, Bangkok.

PILE, S. (2005). *Real cities: modernity, space and the phantasmagorias of city life*. London: Sage.

PINE, B.J., & GILMORE, J.H. (1999). *The experience economy*. Boston, MA: Harvard Business School Press.

PLAZA, B. (2000). Guggenheim museum's effectiveness to attract tourism. *Annals of Tourism Research*, 27(4), 1055–1058.

PRITCHARD, A., MORGAN, N.J. (2001). Culture, Identity, and Tourism Representation: marketing Cymru or Wales. *Tourism management*, 22, 167–179.

RABAN, J. (1974). *Soft city*. London: Hamish Hamilton.

RAM, M., ABBAS, T., SANGHERA, B., & HILLIN, G. (2000). 'Currying favour with the locals': Balti owners and business enclaves. *International Journal of Entrepreneurial Behaviour and Research*, 6(1), 41–55.

REARDON, P. (1992). Navy Pier off US historic list. *Chicago Tribune*, 18 February, 2.

RELPH, E. (1976). *Place and placelessness*. London: Pion Ltd.

RICHARDS, R., & WILSON, J. (2006). Developing creativity in tourist experiences: a solution to the serial reproduction of culture? *Tourism management*, 27, 1.209–1.223.

RICHARDS, G., & WILSON, J. (2007). The creative turn in regeneration: creative spaces, spectacles and tourism in cities. In M.K. Smith (Ed.), *Tourism, culture and regeneration* (pp. 12–24). Wallingford, CT: CAB International.

RICHMOND, S. (2004). *Malaysia, Singapore and Brunei (lonely planet country guide)*. Melbourne: Lonely Planet Publications.

RINGER, G. (Ed.) (1998). *Destinations: cultural landscapes of tourism*. London: Routledge.

RITCHIE, B.W. & DICKSON, T.J. (2006). Assessing the economic impact of built attractions: the case of the Australian Capital Territory, Australia. Paper for *Cutting edge research in tourism*, June, University of Surrey, Surrey.

RITCHIE, B., & HALL, C.M. (1999). Mega events and human rights. *Proceedings of sport and human rights conference*, Sydney, Australia, 1–3 September, pp. 102–115.

RITCHIE, B.W., & INKARI, M. (2006). Host community attitudes toward tourism and cultural tourism development: the case of the Lewes District, Southern England. *International Journal of Tourism Research*, 8, 27–44.

RITZER, G., & LISKA, A. (1997). 'McDisneyization' and 'post-tourism'. In C. Rojek, & J. Urry (Eds.), *Touring cultures: transformations of travel and theory* London: Routledge.

ROGERSON, C., & KAPLAN, L. (2005). Tourism promotion in 'difficult areas': the experience of Johannesburg inner-city. *Urban forum*, 16(2/3), 214–243.

ROJEK, C. (1997). Indexing, dragging and the social construction of tourist sights. In C. ROJEK, & J. URRY (Eds.), *Touring cultures: transformations of travel and theory*. London: Routledge.

ROJEK, C., & URRY, J. (1997). Transformations of travel and theory. In C. Rojek, & J. Urry (Eds.), *Touring cultures: transformations of travel and theory*. London: Routledge.

ROSENTRAUB, M.S., SWINDELL, D., PRZYBLISKI, M., & MULLINS, D. (1994). Sport and downtown development strategy: If you build it, will jobs come? *Journal of Urban Affairs*, 16(3), 221–239.

ROWE, D., & STEVENSON, D. (1994). 'Provincial Paradise': urban tourism and city imaging outside the metropolis. *Australian and New Zealand Journal of Sociology*, 30(2), 178–193.

RUBENSTEIN, H. (1992). *Pedestrian malls, streetscapes and urban spaces*. Canada: John Wiley & Sons.

RYAN, C. (2000). Tourist experiences and phenomenographic analysis. *International Journal of Tourism Research*, 2, 119–131.

RYAN, K. (2006). Navy Pier unveils plans for sweeping makeover. *Crain's Chicago Business*, 13 January, 32.

SANDERCOCK, L., & DOVEY, K. (2002). Pleasure, politics and the 'public interest': Melbourne's riverscape revitalization. *Journal of the American Planning Association*, 68(2), 151–164.

SARTRE, J.P. (1969). *Being and nothingness*, trans. H. Barnes. London: Methuen.

SAUSSURE, F. DE (1966). *Course in General Linguistics*, C. Bally, & A. Secheehaye (Eds.), trans. W. Basking. New York: McGraw-Hill.

SAVAGE, M., & WARDE, A. (1993). *Urban sociology, capitalism and modernity*. Basingstoke: Macmillan.

SAVAGE, V., HUANG, S., & CHANG, T. (2004). The Singapore River thematic zone: sustainable tourism in an urban context. *The Geographical Journal*, 170(3), 212–225.

SAVAGE, V.R., HUANG, S., & CHANG, T.C. (2004). The Singapore River thematic zone: sustainable tourism in an urban context. *The Geographical Journal*, 179(3), 212–225.

SAVITCH, H.V., & KANTOR, P. (2002). *Cities in the international marketplace*. Princeton, NJ: Princeton University Press.

SCHMALZ, G. (2006). The Athenian Prytaneion discovered? *Hesperia*, 75(1), 33–81.

SCHUTZ, A. (1970). *On phenomenology and social relations*, R. Wagner (Ed.). Chicago, IL: University of Chicago Press.

SCHUTZ, A. (1973). *Collected papers 1: the problem of social reality* The Hague: Martinus Nijhoff.

SCHUTZ, A. & LUCKMANN, T. (1974). *Structures of the life-world*, trans. R.M. Zaner, & H.T. Engelhardt Jr. London: Heinemann.

SELBY, M. (2004a). Consuming the city: conceptualizing and researching urban tourist knowledge. *Tourism Geographies*, 6(2), 186–207.

SELBY, M. (2004b). *Understanding urban tourism*. London: I.B. Tauris.

SHELLER, M., & URRY, J. (2004). Places to play, places in play. In J. Urry., & M. Sheller (Ed.), *Tourism mobilities: places to play, places in play* (pp. 1–10). London: Routledge.

SHIELDS, R. (1996). A guide to urban representation and what to do about it: alternative traditions of urban theory. In A.D. King (Ed.), *Representing the city*. Basingstoke: Macmillan.

SIMPSON, F. (1999). Tourist impact in the historic centre of Prague: resident and visitor perceptions of the historic built environment. *The Geographical Journal*, 165(2), 173–183.

SMITH, M.K. (2006). *Tourism, culture and regeneration*. Cambridge, USA: CABI Publishing.

SMITH, S.L.J. (1991). The supply side definition of tourism: reply to Leiper. *Annals of Tourism Research*, 18, 312–318.

SMITH, S.L.J. (1993). Return to the supply-side. *Annals of Tourism Research*, 20(2), 226–229.

SMITH, S.L.J. (1994). The tourism product. *Annals of Tourism Research*, 21(3), 582–598.

SMITH, S.L.J. (1995). *Tourism analysis: a handbook*. New York: Longman.

SMITH, V. (1978). Eskimo tourism: micro models and marginal men. In V. Smith (Ed.), *Host and guests*. Oxford: Blackwell.

Southampton City Council (2003). *Community Regeneration Projects*. http://www.southampton.gov.uk/CommunityRegeneration/OurApproach/ (accessed 12 December 2003).

SPIROU, C. (2006). Infrastructure development and the tourism industry in Chicago. In M.J. BOUMAN, D. GRAMMENOS, & R. GREENE (Eds.), *Chicago's geographies: a 21st century metropolis* (pp. 113–128). Washington, DC: Association of American Geographers Press.

STANDEVEN, J., & DE KNOP, P. (1999). *Sport tourism*. Champaign, IL: Human Kinetics.

STANSFIELD, C.A., & RICKERT, J.E. (1970). The recreational business district. *Journal of Leisure Research*, 2, 213–225.

STANSFIELD, C., & RICKERT, J. (1970). The recreational business district. *Journal of Leisure Research*, 2(2), 209–225.

STEVENSON, D. (2003). *Cities and urban cultures*. Berkshire, England: McGraw Hill Education.

STEVENSON, D. (2003). *Cities and urban cultures*. Maidenhead: Open University Press.

STILWELL, F. (1992). *Understanding cities and regions*. Leichhardt, NSW: Plato.

STOCK, B. (1983). *The implications of literacy: written language and models of interpretation in the eleventh and twelfth centuries*. Princeton, NJ: Princeton University.

STONE, C.N. (1993). Urban regimes and the capacity to govern: a political economy approach. *Journal of Urban Affairs*, 15, 1–28.

SUDJIC, D. (1993). *The 100 mile city*. London: Flamingo.

SUVANTOLA, J. (2002). *Tourist's experience of place*. Aldershot: Ashgate.

TAYLOR, V. (1975). The recreational business district: a component of the East London urban morphology. *South African geographer*, 2, 139–144.

TEEDON, P. (2001). Designing a place called Bankside: on defining an unknown space in London. *European planning studies*, 9(4), 459–481.

TERHORST, P., VAN DE VEN, J., & DEBEN, L. (2003). Amsterdam: It's all in the mix. In L.M. Hoffman, S.S. Fainstein, & D.R. Judd (Eds.), *Cities and visitors. Regulating people, markets, and city space* (pp. 75–90). Oxford: Blackwell Publishing Ltda.

The Mersey Partnership (2003). *The Liverpool city region winning tourism for England's North West: a vision and strategy for tourism to 2015*, Liverpool, UK: Tourism Solutions (1st edn. June).

The Mersey Partnership (2005). *Digest of Liverpool and Merseyside tourism* (p. 23). Liverpool, UK: The Northwest Regional Research Service, February.

THORNS, D.C. (2002). *Transformation of cities: urban theory and urban cities*. Gordonsville, VA, USA: Palgrave Macmillan.

THRIFT, N.J., & DEWSBURY, J.D. (2000). Dead geographies – and how to make them live. *Environment and planning D: society and space*, 18, 411–432.

TIMOTHY, D. (2005). *Shopping tourism, retailing and leisure*. Clevedon: Channel View Publications.

TIMOTHY, D., & WALL, G. (1997). Selling to tourists: Indonesian street vendors. *Annals of Tourism Research*, 24(2), 322–340.

TRIBE, J. (2005). *The economics of recreation, leisure and tourism* (3rd edn). Oxford: Elsevier.

TUAN, Y.F. (1977). *Space and place: the perspective of experience.* Minneapolis: University of Minnesota Press.

TUCKER, K. & SUNDBERG, M. (1988). *International trade in services*, London: Routledge.

United Nations Human Settlements Programme Staff (CB). (2004). *State of the world's cities: globalization and urban culture.* Toronto, Ont., Canada: Earthscan Canada.

URRY, J. (1990). *The tourist gaze.* London: Sage.

URRY, J. (1990). *The tourist gaze: leisure and travel in contemporary societies.* London: Sage.

URRY, J. (2001). *The tourist gaze: the new edition.* London: Sage.

VAN MANEN, M. (1990). *Researching lived experience.* London, Ontario: State University of New York Press.

VEAL, A.J. (2002). *Leisure and tourism policy and planning* (2nd edn). Wallingford, Oxon: CABI.

VEIJOLA, S., & JOKINEN, E. (1994). The body in tourism. *Theory, culture and society*, 6, 125–151.

VOASE, R. (2000). Explaining the blandness of popular travel journalism: narrative, cliché and the structure of meaning. In M. Robinson, N. Evans, P. Long, R. Sharpley, & J. SWARBROOKE (Eds.), *Tourism and heritage relationships: global, national and local perspectives* Sunderland: Business Education Publishers.

WALL, G., & SINNOTT, J. (1980). Urban recreational and cultural facilities as tourist attractions. *Canadian geographer*, 24(1), 50–59.

WATSON, S. (1991). Gilding the smokestacks: the new symbolic representations of the de-industrialised regions. *Environment and planning D: society and space*, 9, 59–70.

WEARING, B., & WEARING, S. (1996). Refocussing the tourist experience: the flaneur and the choraster. *Leisure Studies*, 15, 229–243.

WEAVER, D.B. (1993). A model of urban tourism space in small Caribbean islands. *Geographical Review*, 83(2), 134–140.

WEISS, H. (1999). Building for the millennium: theater companies playing bigger role in the community. *Chicago Tribune*, 12 September, 14.

WERLEN, B. (1993). *Society, action, and space: an alternative human geography*, trans. G. Walls. London: Routledge.

WICKENS, E. (2002). The sacred and the profane: a tourist typology. *Annals of Tourism Research*, 29(3), 834–851.

WILLIAMS, C. (1998). Is the SERVQUAL model an appropriate management tool for measuring delivery quality in the UK leisure industry? *Managing Leisure*, 3, 98–110.

WILK, D. (2000). At the top of the glass: museum of stained glass windows is making its debut at Navy Pier. *Chicago Tribune*, 11 February, 56.

ZIEMBA, S. (1986). Pier project dealt funding setback. *Chicago Tribune*, 22 January, 1.

ZUKIN, S. (1999). Cultural strategies and urban identities. Remaking public space in New York. In A. Reed Jr. (Ed.), *Without justice for all. the New Liberalism and our retreat from racial equality* (pp. 205–217). Boulder, CO: Westview Press.

Cartão Resposta

050120048-7/2003-DR/RJ

Elsevier Editora Ltda

...CORREIOS...

SAC | 0800 026 53 40
ELSEVIER | sac@elsevier.com.br

CARTÃO RESPOSTA

Não é necessário selar

O SELO SERÁ PAGO POR

Elsevier Editora Ltda

20299-999 - Rio de Janeiro - RJ

Agradecemos que sua resposta nos ajuda a aperfeiçoar continuamente nosso trabalho para atendê-lo(la) melhor e aos outros leitores.
Por favor, preencha o formulário abaixo e envie pelos correios ou acesse www.elsevier.com.br/cartaoresposta. Agradecemos sua colaboração.

Seu nome: _____

Sexo: ☐ Feminino ☐ Masculino   CPF: _____

Endereço: _____

E-mail: _____

Curso ou Profissão: _____

Ano/Período em que estuda: _____

Livro adquirido e autor: _____

Como conheceu o livro?

☐ Mala direta   ☐ E-mail da Campus/Elsevier
☐ Recomendação de amigo   ☐ Anúncio (onde?) _____
☐ Recomendação de professor
☐ Site (qual?) _____   ☐ Resenha em jornal, revista ou blog
☐ Evento (qual?) _____   ☐ Outros (quais?) _____

Onde costuma comprar livros?

☐ Internet. Quais sites? _____
☐ Livrarias ☐ Feiras e eventos ☐ Mala direta

☐ Quero receber informações e ofertas especiais sobre livros da Campus/Elsevier e Parceiros.

Siga-nos no twitter @CampusElsevier

Qual(is) o(s) conteúdo(s) de seu interesse?

Concursos
- [ ] Administração Pública e Orçamento
- [ ] Arquivologia
- [ ] Atualidades
- [ ] Ciências Exatas
- [ ] Contabilidade
- [ ] Direito e Legislação
- [ ] Economia
- [ ] Educação Física
- [ ] Engenharia
- [ ] Física
- [ ] Gestão de Pessoas
- [ ] Informática
- [ ] Língua Portuguesa
- [ ] Línguas Estrangeiras
- [ ] Saúde
- [ ] Sistema Financeiro e Bancário
- [ ] Técnicas de Estudo e Motivação
- [ ] Todas as Áreas
- [ ] Outros (quais?)

Educação & Referência
- [ ] Comportamento
- [ ] Desenvolvimento Sustentável
- [ ] Dicionários e Enciclopédias
- [ ] Divulgação Científica
- [ ] Educação Familiar
- [ ] Finanças Pessoais
- [ ] Idiomas
- [ ] Interesse Geral
- [ ] Motivação
- [ ] Qualidade de Vida
- [ ] Sociedade e Política

Jurídicos
- [ ] Direito e Processo do Trabalho/Previdenciário
- [ ] Direito Processual Civil
- [ ] Direito e Processo Penal
- [ ] Direito Administrativo
- [ ] Direito Constitucional
- [ ] Direito Civil
- [ ] Direito Empresarial
- [ ] Direito Econômico e Concorrencial
- [ ] Direito do Consumidor
- [ ] Linguagem Jurídica/Argumentação/Monografia
- [ ] Direito Ambiental
- [ ] Filosofia e Teoria do Direito/Ética
- [ ] Direito Internacional
- [ ] História e Introdução ao Direito
- [ ] Sociologia Jurídica
- [ ] Todas as Áreas

Media Technology
- [ ] Animação e Computação Gráfica
- [ ] Áudio
- [ ] Filme e Vídeo
- [ ] Fotografia
- [ ] Jogos
- [ ] Multimídia e Web

Negócios
- [ ] Administração/Gestão Empresarial
- [ ] Biografias
- [ ] Carreira e Liderança Empresariais
- [ ] E-business
- [ ] Estratégia
- [ ] Light Business
- [ ] Marketing/Vendas
- [ ] RH/Gestão de Pessoas
- [ ] Tecnologia

Universitários
- [ ] Administração
- [ ] Ciências Políticas
- [ ] Computação
- [ ] Comunicação
- [ ] Economia
- [ ] Engenharia
- [ ] Estatística
- [ ] Finanças
- [ ] Física
- [ ] História
- [ ] Psicologia
- [ ] Relações Internacionais
- [ ] Turismo

Áreas da Saúde
- [ ]

Outras áreas (quais?): _____

Tem algum comentário sobre este livro que deseja compartilhar conosco? _____

Atenção:
- As informações que você está fornecendo serão usadas apenas pela Campus/Elsevier e não serão vendidas, alugadas ou distribuídas por terceiros sem permissão preliminar.